DE LA

LITTÉRATURE.

TOME PREMIER.

Seconde édition originale
Nouvelle preface V.

DE LA
LITTÉRATURE

considérée dans ses rapports avec les institutions sociales;

Par Mme DE STAËL-HOLSTEIN.

SECONDE ÉDITION revue, corrigée et augmentée.

TOME PREMIER.

DE L'IMPRIMERIE DE CRAPELET.

A PARIS,

Chez MARADAN, Libraire, rue Pavée-S.-André-des-Arcs, n. 16.

PRÉFACE

DE LA SECONDE ÉDITION.

J'ai cru devoir répondre, dans les notes de la seconde édition de mon ouvrage, à quelques faits littéraires allégués contre les opinions qu'il renferme. J'ai tâché de rendre ce livre plus digne de l'approbation que des hommes éclairés ont bien voulu lui accorder.

J'ai cité dans les notes ajoutées à cet ouvrage, les autorités sur lesquelles j'ai fondé les opinions littéraires qu'on a attaquées (1) : je me bornerai donc,

---

(1) Ces notes contiennent les preuves qui constatent, 1°. que les Romains ont étudié la philosophie, ont possédé des historiens connus, des orateurs célèbres et de grands jurisconsultes, avant d'avoir eu des poètes. 2°. Que leurs auteurs tragiques n'ont fait

dans cette Préface, à quelques réflexions générales sur les deux manières de voir en littérature, qui forment aujourd'hui comme deux partis différens, et sur l'éloignement qu'inspire à quelques personnes le système de la perfectibilité de l'espèce humaine.

L'on m'a reproché d'avoir donné la

---

qu'imiter les Grecs et les sujets grecs. 3°. Je développe un fait que je croyois trop authentique pour avoir besoin d'être expliqué; c'est que les chants de l'Ossian étoient connus en Ecosse et en Angleterre par ceux des hommes de lettres qui savoient la langue gallique, long-temps avant que Macpherson eût fait de ces chants un poëme, et que les fables islandaises et les poésies scandinaves, qui ont été le type de la littérature du nord en général, ont le plus grand rapport avec le caractère de la poésie d'Ossian. On trouve tous les détails qui peuvent faire connoître les poésies scandinaves dans l'excellente introduction de Mallet à l'Histoire du Danemarck. Enfin, dans une note de la seconde partie de mon ouvrage, j'essaie d'indiquer quelles sont les règles sévères que l'on doit suivre, relativement à l'adoption des mots nouveaux dans une langue.

préférence à la littérature du Nord sur celle du Midi, et l'on a appelé cette opinion une poétique nouvelle. C'est mal connoître mon ouvrage que de supposer que j'avois pour but de faire une poétique. J'ai dit dès la première page que Voltaire, Marmontel et La Harpe ne laissoient rien à desirer à cet égard; mais je voulois montrer le rapport qui existoit entre la littérature et les institutions sociales de chaque siècle et de chaque pays; et ce travail n'avoit encore été fait dans aucun livre existant. Je voulois prouver aussi que la raison et la philosophie ont toujours acquis de nouvelles forces à travers les malheurs sans nombre de l'espèce humaine. Mon goût en poésie est peu de chose à côté de ces grands résultats. Les vers de Thompson me touchent plus que les sonnets de Pétrarque. J'aime mieux les poésies de Gray que les chansons d'Anacréon. Mais cette manière d'être affectée, n'a que des rapports très-indirects avec le plan général de mon ouvrage; et celui qui auroit des opinions tout-à-fait contraires aux miennes sur les plaisirs de l'imagination, pourroit encore être entièrement de mon avis sur les rapprochemens que j'ai faits entre l'état politique des peuples et leur littérature; il pourroit être entièrement de mon avis sur les observations philosophiques et l'enchaînement des idées qui m'ont servi à tracer l'histoire des progrès de la pensée depuis Homère jusqu'à nos jours.

L'on peut remarquer aujourd'hui, parmi les littérateurs français, deux opinions opposées, qui pourroient conduire toutes deux, par leur exagération, à la perte du goût ou du génie littéraire. Les uns croient ajouter à l'énergie du style, en le remplissant d'images incohérentes, de mots nouveaux, d'expressions gigantesques. Ces écrivains nuisent à l'art, sans rien ajouter à l'éloquence ni à la pensée. De tels efforts étouffent les dons de la nature, au lieu de les perfectionner. D'autres littérateurs veulent nous persuader que le bon goût consiste dans un style exact, mais commun, servant à revêtir des idées plus communes encore.

Ce second systême expose beaucoup moins à la critique. Ces phrases connues depuis si long-temps, sont comme les habitués de la maison ; on les laisse passer sans leur rien demander. Mais il n'existe pas un écrivain éloquent ou penseur, dont le style ne contienne des expressions qui ont étonné ceux qui les ont lues pour la première fois, ceux du moins que la hauteur des idées ou la chaleur de l'ame n'avoient point entraînés.

Lorsque Bossuet dit cette superbe

phrase : *Averti par mes cheveux blancs de consacrer au troupeau que je dois nourrir de la parole de vie les restes d'une voix qui tombe et d'une ardeur qui s'éteint*, il s'est trouvé sûrement quelques malheureux critiques qui ont demandé ce que c'étoit que *les restes d'une voix et d'une ardeur*, ce que c'étoit *que des cheveux qui avertissent*. Lorsque le même orateur s'écrie, en parlant de madame Henriette : *La voilà telle que la mort nous l'a faite*, nul doute qu'un littérateur d'alors n'eût pu blâmer cette superbe expression, et la défigurer en y changeant le moindre mot ? Lorsque Pascal a écrit : *L'homme est un roseau le plus foible de la nature, mais c'est un roseau pensant*, un critique séparant la première phrase de la seconde, auroit pu dire : Savez-vous que Pascal appelle l'homme *un roseau pensant* ? Le plus parfait de nos poètes, Racine, est celui dont les expressions hardies ont excité le plus de censures; et le plus éloquent de nos écrivains, l'auteur d'Emile et d'Héloïse, est celui de tous sur lequel un esprit insensible au charme de l'éloquence, pourroit exercer le plus facilement sa critique. Qui reconnoîtroit, en effet, le style de Rousseau, si l'on partageoit en deux ses phrases, si l'on les séparoit de leur progression, de leur intérêt, de leur mouvement, et si l'on détachoit de ses écrits quelques mots, bizarres lorsqu'ils sont isolés, tout-puissans lorsqu'on les met à leur place (1)?

---

(1) Il est peut-être à propos de remarquer que les hommes qui, depuis quelque temps, forment un tribunal littéraire, évitent, en citant nos meilleurs auteurs français, de nommer J. J. Rousseau. Il n'est pas probable toutefois qu'ils oublient l'écrivain qui a donné le plus de chaleur, de force et de vie à la parole, l'écrivain qui cause à ses lecteurs une émotion si profonde, qu'il est impossible de le juger en simple littérateur. L'on se sent entraîné par lui comme par

Je le répète, un style commun n'a rien à craindre de ces attaques. Subdivisez les phrases de ce style autant que vous le voudrez, les mots qui les composent se rejoindront d'eux-mêmes, *accoutumés qu'ils sont à se trouver ensemble;* mais jamais un écrivain n'exprima le sentiment qu'il éprouvoit, jamais il ne développa les pensées qui lui appartenoient réellement, sans porter dans son style ce caractère d'originalité qui seul attache et captive l'intérêt et l'imagination des lecteurs.

---

un ami, un séducteur ou un maître. Seroit-il possible que l'éclat du talent ne put, devant certains juges, obtenir grace pour l'amour ardent de la liberté ? Seroit-il vrai qu'une ame fière et indépendante, de quelque supériorité qu'elle soit douée, ne dût attendre des adversaires des idées philosophiques, qu'injustice ou silence ; injustice, lorsqu'ils peuvent l'attaquer encore ; silence, lorsqu'une gloire consacrée la place au-dessus de leurs efforts?

PRÉFACE.

Les paradoxes sans doute sont aussi des idées communes. Il suffit presque toujours de retourner une vérité bannale pour en faire un paradoxe. Il en est de même d'une manière d'écrire exagérée; ce sont des expressions froides dont on fait des expressions fausses. Mais il ne faut pas tracer autour de la pensée de l'homme un cercle dont il lui soit défendu de sortir; car il n'y a pas de talent là où il n'existe pas de création, soit dans les pensées, soit dans le style.

Voltaire, qui succédoit au siècle de Louis XIV, chercha dans la littérature anglaise quelques beautés nouvelles qu'il pût adapter au goût français (1).

---

(1) Voltaire auroit désavoué, je crois, cette phrase du Mercure, qui paroîtra dénuée de vérité à tous les Anglais, comme à tous ceux qui ont étudié la littérature anglaise : « On seroit étonné de voir que la renommée de Shakespeare ne s'est si fort accrue, EN AN-

Presque tous nos poètes de ce siècle ont imité les Anglais. Saint-Lambert s'est enrichi des images de Thompson, Delille a emprunté du genre anglais quelques-unes de ses beautés descriptives ; *le Cimetière* de Gray ne lui fut point inconnu : il a servi de modèle, sous quelques rapports, à Fontanes dans une de ses meilleures pièces, *le Jour des Morts dans une campagne.* Pourquoi donc désavouerions-nous le mérite des ouvrages que nos bons auteurs ont souvent imités ?

Sans doute, et je n'ai cessé de le répéter dans ce livre, aucune beauté littéraire n'est durable, si elle n'est soumise au goût le plus parfait. J'ai employé

» GLETERRE MÊME, QUE DEPUIS LES ÉLOGES DE VOL-» TAIRE ». Addisson, Dryden, les auteurs les plus célèbres de la littérature anglaise, ont vanté Shakespeare avec enthousiasme, long-temps avant que Voltaire en eût parlé.

la première un mot nouveau, *la vulgarité*, trouvant qu'il n'existoit pas encore assez de termes pour proscrire à jamais toutes les formes qui supposent peu d'élégance dans les images et peu de délicatesse dans l'expression. Mais le talent consiste à savoir respecter les vrais préceptes du goût, en introduisant dans notre littérature tout ce qu'il y a de beau, de sublime, de touchant dans la nature sombre, que les écrivains du Nord ont su peindre; et si c'est ignorer l'art que de vouloir faire adopter en France toutes les incohérences des tragiques anglais et allemands, il faut être insensible au génie de l'éloquence, il faut être à jamais privé du talent d'émouvoir fortement les ames, pour ne pas admirer ce qu'il y a de passionné dans les affections, ce qu'il y a de profond dans les pensées que ces habitans du Nord savent éprouver et transmettre.

Il est impossible d'être un bon littérateur, sans avoir étudié les auteurs anciens, sans connoître parfaitement les ouvrages classiques du siècle de Louis XIV. Mais l'on renonceroit à posséder désormais en France des grands hommes dans la carrière de la littérature, si l'on blâmoit d'avance tout ce qui peut conduire à un nouveau genre, ouvrir une route nouvelle à l'esprit humain, offrir enfin un avenir à la pensée; elle perdroit bientôt toute émulation, si on lui présentoit toujours le siècle de Louis XIV comme un modèle de perfection, au-delà duquel aucun écrivain éloquent ni penseur ne pourra jamais s'élever.

J'ai distingué avec soin dans mon ouvrage ce qui appartient aux arts d'imagination, de ce qui a rapport à la philosophie; j'ai dit que ces arts n'étoient point susceptibles d'une perfection indéfinie, tandis qu'on ne pouvoit prévoir le terme où s'arrêteroit la pensée. L'on m'a dit que je n'avois pas rendu un juste hommage aux anciens. J'ai répété néanmoins de diverses manières que la plupart des inventions poétiques nous venoient des Grecs, que la poésie des Grecs n'avoit *été ni surpassée ni même égalée par les modernes* (1):

---

(1) J'ai soutenu que, dans les bons ouvrages modernes, l'expression de l'amour avoit acquis plus de délicatesse et de profondeur que chez les anciens, parce qu'il est un certain genre de sensibilité qui s'augmente en proportion des idées. Les objections même qui m'ont été faites, me fournissent quelques nouveaux argumens en faveur de mon opinion. J'en citerai deux pour exemple ; le reste se trouvera dans les notes de l'ouvrage. On a demandé si l'expression de l'amour avoit fait des progrès depuis l'Héloïse du douzième siècle. Les lettres latines qui nous restent d'Héloïse ne peuvent pas soutenir un instant la comparaison avec le ravissant langage que Pope lui a prêté dans son épître. On a demandé s'il existoit rien de plus touchant que la rencontre d'Enée et d'Andromaque dans l'Enéïde, lorsqu'Andromaque s'écrie en le revoyant : *Hector, ubi est ?* « Hector, où est-il » ?

mais je n'ai pas dit, il est vrai, que depuis près de trois mille ans les hommes n'avoient pas acquis une pensée de plus; et c'est un grand tort dans l'esprit de ceux qui condamnent l'espèce hu-

---

Je pourrois récuser une objection tirée de Virgile, puisque je l'ai cité comme *le poète le plus sensible;* mais en acceptant même cette objection, je dirai que, lorsque Racine a voulu mettre Andromaque sur la scène, il a cru que la délicatesse des sentimens exigeoit qu'il lui attribuât la résolution de se tuer, si elle se voyoit contrainte à épouser Pirrhus; et Virgile donne à son Andromaque deux maris depuis la mort d'Hector, Pirrhus et Hélénus, sans penser que cette circonstance puisse nuire en rien à l'intérêt qu'elle doit inspirer. Si l'on joint à ces deux exemples ceux que l'on trouvera cités dans ce livre, si l'on examine avec soin tous les ouvrages de l'antiquité, l'on verra qu'il n'en est pas un qu. ne confirme la supériorité des Romains sur les Grecs, de Tibulle sur Anacréon, de Virgile sur Homère, dans tout ce qui tient à la sensibilité; et l'on verra de même que Racine, Voltaire, Pope, Rousseau, Goëthe, &c. ont peint l'amour avec une sorte de délicatesse, de culte, de mélancolie et de dévouement qui devoit être tout-à-fait étrangère aux mœurs, aux loix et au caractère des anciens.

maine au supplice de Sisyphe, à retomber toujours après s'être élevée.

D'où vient donc que ce système de la perfectibilité de l'espèce humaine déchaîne maintenant toutes les passions politiques ? quel rapport peut-il avoir avec elles (1) ?

Ceux qui pensent que leurs opinions, en fait de gouvernement, les obligent à combattre la perfectibilité de l'esprit humain, font, ce me semble, un grand

---

(1) Ce système a donné lieu à tant d'interprétations absurdes, que je me crois obligée d'indiquer le sens précis que je lui donne dans mon ouvrage. Premièrement, en parlant de la perfectibilité de l'esprit humain, je ne prétends pas dire que les modernes ont une puissance d'esprit plus grande que celle des anciens, mais seulement que la masse des idées en tout genre s'augmente avec les siècles. Secondement, en parlant de la perfectibilité de l'espèce humaine, je ne fais nullement allusion aux rêveries de quelques penseurs sur un avenir sans vraisemblance, mais aux progrès successifs de la civilisation dans toutes les classes et dans tous les pays.

acte de modestie. Les partisans de la monarchie, comme ceux de la république, doivent penser que la constitution qu'ils préfèrent est favorable à l'amélioration de la société et aux progrès de la raison; s'ils n'en étoient pas convaincus, comment pourroient-ils soutenir leur opinion en conscience? Le système de la perfectibilité de l'espèce humaine a été celui de tous les philosophes éclairés depuis cinquante ans; ils l'ont soutenu sous toutes les formes de gouvernement possible (1). Les

---

(1) Un des caractères les plus frappans dans l'homme, dit le citoyen Talleyrand, dans son rapport sur l'instruction publique, pag. 7, du 10 septembre 1791, c'est la perfectibilité; et ce caractère sensible dans l'individu, l'est bien plus encore dans l'espèce : car peut-être n'est-il pas impossible de dire de tel homme en particulier qu'il est parvenu au point où il pouvoit atteindre, et il le sera éternellement de l'affirmer de l'espèce entière, dont la richesse intellectuelle et morale s'accroît sans interruption de tous les produits des peuples antérieurs.

professeurs écossais, Fergusson en particulier, ont développé ce système sous la monarchie libre de la Grande-Bretagne. Kant le soutient ouvertement sous le régime encore féodal de l'Allemagne. Turgot l'a professé sous le gouvernement arbitraire, mais modéré du dernier règne; et Condorcet, dans la proscription où l'avoit jeté la sanguinaire tyrannie qui devoit le faire désespérer de la république, Condorcet, au comble de l'infortune, écrivoit encore en faveur de la perfectibilité de l'espèce humaine, tant les esprits penseurs ont attaché d'importance à ce système, qui promet aux hommes sur cette terre quelques-uns des bienfaits d'une vie immortelle, un avenir sans bornes, une continuité sans interruption (1).

---

(1) Godwin aussi, dans son ouvrage sur la justice politique, soutient le même système; mais, quoique ce soit un homme de beaucoup d'esprit, sa raison ne m'a pas paru assez sûre pour le citer

Ce système ne peut être contraire aux idées religieuses. Les prédicateurs éclairés ont toujours représenté la morale religieuse comme un moyen d'améliorer l'espèce humaine; j'ai tâché de prouver que les préceptes du christianisme y avoient contribué efficace-

---

jamais comme une autorité. L'on a prétendu que j'avois pris quelques idées de mon ouvrage, où il n'est question que de littérature, dans la justice politique de Godwin; je réponds par une dénégation simple. Je défie qu'on cite une seule idée de cet ouvrage que j'aie mise dans le mien, excepté le système de la perfectibilité de l'espèce humaine, qui heureusement n'appartient pas plus à moi qu'à Godwin. Je crois avoir essayé la première d'appliquer ce système à la littérature; mais j'attache un grand prix à montrer combien de philosophes respectables ont, avant moi, soutenu victorieusement cette opinion, considérée d'une manière générale; et je ne pense pas, comme un littérateur de nos jours, que ce soit la charmante pièce de vers de Voltaire, intitulée *le Mondain*, qui ait donné l'idée de la perfectibilité de l'espèce humaine, et qui *contienne l'extrait de tout ce qu'il y a de meilleur dans les longues théories sur cette perfectibilité.*

ment. Il n'est donc aucune opinion, excepté celle qui défendroit de penser, de lire et d'écrire; il n'est aucun gouvernement, excepté le gouvernement despotique, qui puisse s'avouer contraire à la perfectibilité de l'espèce humaine. Quels sont donc les dangers qu'un esprit raisonnable et indépendant peut redouter d'un tel système ?

Dira-t-on que des monstres barbares ont fait de cette opinion le prétexte de leurs forfaits ? Mais la Saint-Barthélemy commande-t-elle l'athéisme ? Mais les crimes de Charles ix et de Tibère ont-ils à jamais proscrit le pouvoir d'un seul dans tous les pays ? De quoi les hommes n'ont-ils pas abusé ? L'air et le feu leur servent à se tuer, et la nature entière est entre leurs mains un moyen de destruction. En résulte-t-il qu'il ne faille pas accorder à ce qui est bien le rang que ce qui est bien mérite ? et faut-il dégrader toujours plus l'espèce humaine à mesure qu'elle abuse d'une idée généreuse? On diroit que les préjugés, les bassesses et les mensonges n'ont pas fait de mal à l'espèce humaine, tant on se montre sévère pour la philosophie, la liberté et la raison.

Ce que je crois plutôt, c'est que les détracteurs du système de la perfectibilité de l'espèce humaine n'ont pas médité sur les véritables bases de cette opinion. En effet, ils conviennent que les sciences font des progrès continuels, et ils veulent que la raison n'en fasse pas. Mais les sciences ont une connexion intime avec toutes les idées dont se compose l'état moral et politique des nations. En découvrant la boussole, on a découvert le Nouveau-Monde, et l'Europe morale et politique a depuis ce temps éprouvé des changemens considérables. L'imprimerie est une découverte des sciences. Si l'on dirigeoit un jour la navigation aérienne, combien les rapports de la société ne seroient-ils pas différens?

La superstition est à la longue inconciliable avec les progrès des sciences positives. Les erreurs en tout genre se rectifient successivement par l'esprit de calcul. Enfin, comment peut-on imaginer que l'on mettra les sciences tellement en dehors de la pensée, que la raison humaine ne se ressentira point des immenses progrès que l'on fait chaque jour dans l'art d'observer et de diriger la nature physique? Les lumières de l'expérience et de l'observation n'existent-elles pas aussi dans l'ordre moral, et ne donnent-elles pas aussi d'utiles secours aux développemens successifs de tous les genres de réflexions? Je dirai plus, les progrès des sciences rendent nécessaires les progrès de la morale; car, en augmentant la puissance de l'homme, il faut fortifier le frein qui l'empêche d'en abuser. Les progrès des sciences rendent nécessaires aussi les progrès de la politique. L'on a besoin d'un gouvernement plus éclairé, qui respecte davantage l'opinion publique au milieu des nations où les lumières s'étendent chaque jour; et quoiqu'on puisse toujours opposer les désastres de quelques années à des raisonnemens qui ont pour base les siècles, il n'en est pas moins vrai que jamais aucune contrée de l'Europe ne supporteroit maintenant la longue succession de tyrannies basses et féroces qui ont accablé les Romains. Il importe d'ailleurs de distinguer entre la perfectibilité de l'espèce humaine et celle de l'esprit humain. L'une se manifeste encore plus clairement que l'autre. Chaque fois qu'une nation nouvelle, telle que l'Amérique, la Russie, etc. fait des progrès vers la civilisation, l'espèce humaine s'est perfectionnée; chaque fois qu'une classe inférieure est sortie de l'esclavage ou de l'avilissement, l'espèce humaine s'est encore perfectionnée. Les lumières gagnent évidemment en étendue, quand même on essayeroit de leur disputer encore qu'elles croissent en élévation et en profondeur. Enfin il faudroit composer un livre pour réfuter tout ce qu'on se permet de dire dans un temps où les intérêts personnels sont encore si fortement agités. Mais ce livre, c'est le temps qui le fera; et la postérité ne partagera pas plus la petite fureur qu'excitent aujourd'hui les idées philosophiques, que les atroces sentimens que la terreur avoit développés.

> Les fils sont plus grands que leurs pères,
> Et leurs cœurs n'en sont pas jaloux.

Ces vers, justement appliqués aux

exploits militaires dont nous sommes les glorieux contemporains, ces vers seront vrais aussi pour les progrès de la raison ; et malheur à qui n'en auroit pas dans son cœur le noble pressentiment !

Pourquoi les esprits distingués, quelle que soit la carrière qu'ils suivent, ne réunissent-ils pas leurs efforts pour soutenir toutes les idées qui ont en elles de la grandeur et de l'élévation ? Ne voient-ils pas de tous côtés les sentimens les plus vils, l'avidité la plus basse s'emparer chaque jour d'un caractère de plus, dégrader chaque jour quelques hommes sur lesquels on avoit reposé son estime ? Que restera-t-il donc à ceux qui mettent encore de l'intérêt aux progrès de la pensée, ou qui, se bornant même aux arts d'imagination, veulent exclure tout le reste ? Ils attaquent la philosophie ; bientôt ils la regretteront; bientôt ils reconnoîtront qu'en dégradant l'esprit, ils affoiblissent ce ressort de l'ame qui fait aimer la poésie, qui fait partager son généreux enthousiasme.

Tous les vices se coalisent, tous les talens devroient se rapprocher; s'ils se réunissent, ils feront triompher le mérite personnel; s'ils s'attaquent mutuellement, les calculateurs heureux se placeront aux premiers rangs, et tourneront en dérision toutes les affections désintéressées, l'amour de la vérité, l'ambition de la gloire, et l'émulation qu'inspire l'espoir d'être utile aux hommes et de perfectionner leur raison (1).

---

(1) Après avoir réfuté les diverses objections qui ont été faites contre mon ouvrage, je sais fort bien qu'il est un genre d'attaque qui peut éternellement se répéter; ce sont toutes les insinuations qui ont pour objet de me blâmer, comme femme, d'écrire et de penser.

J'offre d'avance la traduction de toutes ces sortes de critiques dans les vers de Molière, que je rappelle ici :

> Non, non, je ne veux point d'un esprit qui soit haut,
> Et femme qui compose en sait plus qu'il ne faut ;
> Je prétends que la mienne, en clartés peu sublime,
> Même ne sache pas ce que c'est qu'une rime ;
> Et c'est assez pour elle, à vous en bien parler,
> Que savoir prier Dieu, m'aimer, coudre et filer.
>
> <div align="right">ARNOLPHE, dans l'<i>Ecole des Femmes.</i></div>

Je conçois qu'on puisse se plaire dans ces plaisanteries, quoiqu'elles soient un peu usées ; mais je ne comprends pas comment il seroit possible que mon caractère ou mes écrits inspirassent des sentimens amers. Un motif quelconque peut en suggérer le langage ; mais, en vérité, je ne crois pas que personne les éprouve réellement.

DISCOURS PRÉLIMINAIRE.

Je me suis proposé d'examiner quelle est l'influence de la religion, des mœurs et des loix sur la littérature, et quelle est l'influence de la littérature sur la religion, les mœurs et les loix. Il existe, dans la langue française, sur l'art d'écrire et sur les principes du goût, des traités qui ne laissent rien à desirer (1) ; mais il me semble que l'on n'a pas suffisamment analysé les causes morales et politiques, qui modifient l'esprit de la littérature. Il me semble que l'on n'a pas encore considéré comment les facultés humaines se sont graduellement développées par les ouvrages illustres en tout genre, qui ont été composés depuis Homère jusqu'à nos jours.

---

(1) Les ouvrages de Voltaire, ceux de Marmontel et de Laharpe.

J'ai essayé de rendre compte de la marche lente, mais continuelle, de l'esprit humain dans la philosophie, et de ses succès rapides, mais interrompus, dans les arts. Les ouvrages anciens et modernes qui traitent des sujets de morale, de politique ou de science, prouvent évidemment les progrès successifs de la pensée, depuis que son histoire nous est connue. Il n'en est pas de même des beautés poétiques qui appartiennent uniquement à l'imagination. En observant les différences caractéristiques qui se trouvent entre les écrits des Italiens, des Anglais, des Allemands et des Français, j'ai cru pouvoir démontrer que les institutions politiques et religieuses avoient la plus grande part à ces diversités constantes. Enfin, en contemplant, et les ruines, et les espérances que la révolution française a, pour ainsi dire, confondues ensemble, j'ai pensé qu'il importoit de connoître quelle étoit la puissance que cette révolution a exercée sur les lumières, et quels effets il pourroit en résulter un jour, si l'ordre et la liberté, la morale et l'indépendance républicaine étoient sagement et politiquement combinées.

Avant d'offrir un apperçu plus détaillé du plan de cet ouvrage, il est nécessaire de retracer l'importance de la littérature, considérée dans son acception la plus étendue; c'est-à-dire, renfermant en elle les écrits philosophiques et les ouvrages d'imagination, tout ce qui concerne enfin l'exercice de la pensée dans les écrits, les sciences physiques exceptées.

Je vais examiner d'abord la littérature d'une manière générale dans ses rapports avec la vertu, la gloire, la liberté et le bonheur; et s'il est impossible de ne pas reconnoître quel pouvoir elle exerce sur ces grands sentimens, premiers mobiles de l'homme, c'est avec un intérêt plus vif qu'on s'unira peut-être à moi pour suivre les progrès, et pour observer le caractère dominant des écrivains de chaque pays et de chaque siècle.

Que ne puis-je rappeler tous les esprits éclairés à la jouissance des méditations philosophiques ! Les contemporains d'une révolution perdent souvent tout intérêt à la recherche de la vérité. Tant d'événemens décidés par la force, tant de crimes absous par le succès, tant de vertus flétries par le blâme, tant d'infortunes insultées par le pouvoir, tant de sentimens généreux devenus l'objet de la moquerie, tant de vils calculs hypocritement commentés ; tout lasse de l'espérance les hommes les plus fidèles au culte de la raison. Néanmoins ils doivent se ranimer en observant, dans l'histoire de l'esprit humain, qu'il n'a existé ni une pensée utile, ni une vérité profonde qui n'ait trouvé son siècle et ses admirateurs. C'est sans doute un triste effort que de transporter son intérêt, de reposer son attente, à travers l'avenir, sur nos successeurs, sur les étrangers bien loin de nous, sur les inconnus, sur tous les hommes enfin dont le souvenir et l'image ne peuvent se retracer à notre esprit. Mais, hélas ! si l'on en excepte quelques amis inaltérables, la plupart de ceux qu'on se rappelle après dix années de révolution, contristent votre cœur, étouffent vos mouvemens, en imposent à votre talent même, non par leur supériorité, mais par cette malveillance qui ne cause de la douleur qu'aux ames douces, et ne fait souffrir que ceux qui ne la méritent pas.

Enfin relevons-nous sous le poids de l'existence, ne donnons pas à nos injustes ennemis, à nos amis ingrats, le triomphe d'avoir abattu nos facultés intellectuelles. Ils réduisent à chercher la gloire, ceux qui se seroient contentés des affections : eh bien ! il faut l'atteindre. Ces essais ambitieux ne porteront point remède aux peines de l'ame ; mais ils honoreront la vie. La consacrer à l'espoir toujours trompé du bonheur, c'est la rendre encore plus infortunée. Il vaut mieux réunir tous ses efforts pour descendre avec quelque noblesse, avec quelque réputation, la route qui conduit de la jeunesse à la mort.

De l'importance de la Littérature dans ses rapports avec la Vertu.

La parfaite vertu est le beau idéal du monde intellectuel. Il y a quelques rapports entre l'impression qu'elle produit sur nous et le sentiment que fait éprouver tout ce qui est sublime, soit dans les beaux arts, soit dans la nature physique. Les proportions régulières des statues antiques, l'expression calme et pure de certains tableaux, l'harmonie de la musique, l'aspect d'un beau site dans une campagne féconde, nous transportent d'un enthousiasme qui n'est pas sans analogie avec l'admiration qu'inspire le spectacle des actions honnêtes. Les bizarreries, inventées ou naturelles, étonnent un moment l'imagination; mais la pensée ne se repose que dans l'ordre. Quand on a voulu donner une idée de la vie à venir, on a dit que l'esprit de l'homme retourneroit dans le sein de son créateur : c'étoit peindre quelque chose de l'émotion qu'on éprouve, lorsqu'après les longs égaremens des passions, on entend tout-à-coup cette magnifique langue de la vertu, de la fierté, de la pitié, et qu'on y retrouve encore son ame entière sensible.

La littérature ne puise ses beautés durables que dans la morale la plus délicate. Les hommes peuvent abandonner leurs actions au vice, mais jamais leur jugement. Il n'est donné à aucun poète, quel que soit son talent, de faire sortir un effet tragique d'une situation qui admettroit en principe une immoralité. L'opinion, si vacillante sur les événemens réels de la vie, prend un caractère de fixité quand on lui présente à juger des tableaux d'imagination. La critique littéraire est bien souvent un traité de morale. Les écrivains distingués, en se livrant seulement à l'impulsion de leur talent, découvriroient ce qu'il y a de plus héroïque dans le dévouement, de plus touchant dans les sacrifices. Etudier l'art d'émouvoir les hommes, c'est approfondir les secrets de la vertu.

Les chefs-d'œuvre de la littérature, indépendamment des exemples qu'ils présentent, produisent une sorte d'ébranlement moral et physique, un tressaillement d'admiration qui nous dispose aux actions généreuses. Les législateurs grecs attachoient une haute importance à l'effet que pouvoit produire une musique guerrière ou voluptueuse. L'éloquence, la poésie, les situations dramatiques, les pensées mélancoliques agissent aussi sur les organes, quoiqu'elles s'adressent à la réflexion. La vertu devient alors une impulsion involontaire, un mouvement qui passe dans le sang, et vous entraîne irrésistiblement comme les passions les plus impérieuses. Il est à regretter que les écrits qui paroissent de nos jours n'excitent pas plus souvent ce noble enthousiasme. Le goût se forme sans doute par la lecture de tous les chefs-d'œuvre, déjà connus, dans notre littérature; mais nous nous y accoutumons dès l'enfance; chacun de nous est frappé de leurs beautés à des époques différentes, et reçoit isolément l'impression qu'elles doivent produire. Si nous assistions en foule aux premières représentations d'une tragédie digne de Racine; si nous lisions Rousseau, si nous écoutions Cicéron se faisant entendre pour la première fois au milieu de nous, l'intérêt de la surprise et de la curiosité fixeroit l'attention sur des vérités délaissées; et le talent commandant en maître à tous les esprits, rendroit à la morale un peu de ce qu'il a reçu d'elle; il rétabliroit le culte auquel il doit son inspiration.

Il existe une telle connexion entre toutes les facultés de l'homme, qu'en perfectionnant même son goût en littérature, on agit sur l'élévation de son caractère : on éprouve soi-même quelque impression du langage dont on se sert; les images qu'il nous retrace modifient nos dispositions. Chaque fois qu'appelé à choisir entre différentes expressions, l'écrivain ou l'orateur se détermine pour celle qui rappelle l'idée la plus délicate, son esprit choisit entre ces expressions, comme son ame devroit se décider dans les actions de la vie; et cette première habitude peut conduire à l'autre.

Le sentiment du beau intellectuel, alors même qu'il s'applique aux objets de littérature, doit inspirer de la répugnance pour tout ce qui est vil et féroce; et cette aversion involontaire est une garantie presqu'aussi sûre que les principes réfléchis.

On est honteux de justifier l'esprit, tant il paroît évident, au premier apperçu, que ce doit être un grand avantage. Néanmoins on s'est plu quelquefois, par une sorte d'abus de l'esprit même, à nous tracer ses inconvéniens. Une équivoque de mots a seule donné quelque apparence de raison à ce paradoxe. Le véritable esprit n'est autre chose que la faculté de bien voir; le sens commun est beaucoup plutôt de l'esprit que les idées fausses. Plus de bon sens, c'est plus d'esprit; le génie, c'est le bon sens appliqué aux idées nouvelles. Le génie grossit le trésor du bon sens; il conquiert pour la raison. Ce qu'il découvre aujourd'hui sera dans peu généralement connu, parce que les vérités importantes une fois découvertes, frappent tout le monde presque également. Les sophismes, les apperçus appelés ingénieux, quoiqu'ils manquent de justesse, tout ce qui diverge enfin, doit être uniquement considéré comme un défaut. L'esprit donc ainsi assimilé, sous tous les rapports, à la raison supérieure, ne peut pas plus nuire qu'elle. Encourager l'esprit dans une nation, appeler aux emplois publics les hommes qui ont de l'esprit, c'est faire prospérer la morale.

On attribue souvent à l'esprit toutes les fautes qui viennent de n'avoir pas assez d'esprit. Les demi-réflexions, les demi-apperçus troublent l'homme sans l'éclairer. La vertu est à-la-fois une affection de l'ame, et une vérité démontrée ; il faut la sentir ou la comprendre. Mais si vous prenez du raisonnement ce qui trouble l'instinct, sans atteindre à ce qui peut en tenir lieu, ce ne sont pas les qualités que vous possédez qui vous perdent, ce sont celles qui vous manquent. A tous les malheurs humains, cherchez le remède plus haut. Si vous tournez vos regards vers le ciel, vos pensées s'ennoblissent : c'est en s'élevant que l'on trouve l'air plus pur, la lumière plus éclatante. Excitez l'homme enfin à tous les genres de supériorité, ils serviront tous au perfectionnement de sa morale. Les grands talens obtiennent des applaudissemens, et une bienveillance qui porte à la douceur l'ame de ceux qui les possèdent. Voyez les hommes cruels ; ils sont, pour la plupart, dépourvus de facultés distinguées. Le hasard même a frappé leur figure de quelques désavantages repoussans ; ils se vengent sur l'ordre social, de ce que la nature leur a refusé. Je me confie sans crainte à ceux qui doivent être contens du sort, à ceux qui peuvent, de quelque manière, mériter les suffrages des hommes. Mais celui qui ne sauroit obtenir de ses semblables aucun témoignage d'approbation volontaire, quel intérêt a-t-il à la conservation de la race humaine? Celui que l'univers admire a besoin de l'univers.

On a souvent répété que les historiens, les auteurs comiques, tous ceux enfin qui ont étudié les hommes pour les peindre, devenoient indifférens au bien et au mal. Une certaine connoissance des hommes peut produire un tel effet; une connoissance plus approfondie conduit au résultat contraire. Celui qui peint les hommes comme Saint-Simon ou Duclos, ne fait qu'ajouter à la légéreté de leurs opinions et de leurs mœurs; mais celui qui les jugeroit comme Tacite, seroit nécessairement utile à son siècle. L'art d'observer les caractères, d'en expliquer les motifs, d'en faire ressortir les couleurs, est d'une telle puissance sur l'opinion, que dans tout pays où la liberté de la presse est établie, aucun homme public, aucun homme connu ne résisteroit au mépris, si le talent l'infligeoit. Quelles belles formes d'indignation la haine du crime n'a-t-elle pas fait découvrir à l'éloquence! quelle puissance vengeresse de tous les sentimens généreux! Rien ne peut égaler l'impression que font éprouver certains mouvemens de l'ame ou des portraits hardiment tracés. Les tableaux du vice laissent un souvenir ineffaçable, alors qu'ils sont l'ouvrage d'un écrivain profondément observateur. Il analyse des sentimens intimes, des détails inapperçus; et souvent une expression énergique s'attache à la vie d'un homme coupable, et fait un avec lui dans le jugement du public. C'est encore une utilité morale du talent littéraire, que cet opprobre imprimé sur les actions par l'art de les peindre (1).

---

(1) Sans doute on pourroit opposer à l'utilité qu'on

Il me reste à parler de l'objection qu'on peut tirer des ouvrages où l'on a peint avec talent des mœurs condamnables. Sans doute de tels écrits pourroient nuire à la morale, s'ils produisoient une profonde impression; mais ils ne laissent jamais qu'une trace légère, et les sentimens véritables l'effacent bien aisément. Les ouvrages gais sont, en général, un simple délassement de l'esprit, dont il conserve très-peu de souvenir. La nature humaine est sérieuse, et dans le silence de la méditation, l'on ne recherche que les écrits raisonnables ou sensibles. C'est dans ce genre seul que la gloire

---

peut espérer de la publicité du vrai, les dégoûtans libelles dont la France a été souillée; mais je n'ai voulu parler que des services qu'on doit attendre du talent; et le talent craint de s'avilir par le mensonge: il craint de tout confondre, car il perdroit alors son rang parmi les hommes. En toutes choses ce qui est rassurant, c'est la supériorité; et ce qu'il faut craindre, ce sont tous les défauts qu'entraîne la pauvreté de l'esprit ou de l'ame.

littéraire a été acquise, et qu'on peut reconnoître sa véritable influence.

Diroit-on que la carrière des lettres détourne l'homme, et de ses devoirs domestiques, et des services politiques qu'il pourroit rendre à son pays ? Nous n'avons plus d'exemples de ces républiques qui donnoient à chaque citoyen sa part d'influence sur le sort de la patrie ; nous sommes encore plus loin de cette vie patriarchale qui concentroit tous les sentimens dans l'intérieur de sa famille. Dans l'état actuel de l'Europe, les progrès de la littérature doivent servir au développement de toutes les idées généreuses. Ce qu'on mettroit à la place de ces progrès, ce ne seroient ni des vertus publiques, ni des affections privées, mais les plus avides calculs de l'égoïsme ou de la vanité.

La plupart des hommes, épouvantés des vicissitudes effroyables dont les événemens politiques nous ont offert l'exemple, ont perdu maintenant tout intérêt au perfectionnement d'eux-mêmes, et sont trop frappés de la puissance du hasard pour croire à l'ascendant des facultés intellectuelles. Si les Français cherchoient à obtenir de nouveau des succès dans la carrière littéraire et philosophique, ce seroit un premier pas vers la morale ; le plaisir même causé par les succès de l'amour-propre, formeroit quelques liens entre les hommes. Nous sortirions par degré du plus affreux période de l'esprit public, l'égoïsme de l'état de nature combiné avec l'active multiplicité des intérêts de la société, la corruption sans politesse, la grossièreté sans franchise, la civilisation sans lumières, l'ignorance sans enthousiasme ; enfin cette sorte de *désabusé*, maladie de quelques hommes supérieurs, dont les esprits bornés se croient atteints, alors que, tout occupés d'eux-mêmes, ils se sentent indifférens aux malheurs des autres.

De la Littérature dans ses rapports avec la Gloire.

Si la littérature peut servir utilement à la morale, elle influe par cela seul puissamment aussi sur la gloire ; car il n'y a point de gloire durable dans un pays où il n'existeroit point de morale publique. Si la nation n'adoptoit pas des principes invariables pour base de son opinion, si chaque individu n'étoit pas fortifié dans son jugement par la certitude que ce jugement est d'accord avec l'assentiment universel, les réputations brillantes ne seroient que des accidens se succédant par hasard les uns aux autres. L'éclat de quelques actions pourroit frapper ; mais il faut une progression dans les sentimens pour arriver au plus sublime de tous, à l'admiration. Vous ne pouvez juger qu'en comparant. L'estime, l'approbation, le respect, sont des degrés nécessaires à la puissance de l'enthousiasme. La morale pose les fondemens sur lesquels la gloire peut s'élever, et la littérature, indépendamment de son alliance avec la morale, contribue encore, d'une manière plus directe, à l'existence de cette gloire, noble encouragement de toutes les vertus publiques.

L'amour de la patrie est une affection purement sociale. L'homme, créé par la nature pour les relations domestiques, ne porte son ambition au-delà, que par l'irrésistible attrait de l'estime générale; et c'est sur cette estime, formée par l'opinion, que le talent d'écrire a la plus grande influence. A Athènes, à Rome, dans les villes dominatrices du monde civilisé, en parlant sur la place publique, on disposoit des volontés d'un peuple et du sort de tous; de nos jours, c'est par la lecture que les événemens se préparent et que les jugemens s'éclairent. Que seroit une nation nombreuse, si les individus qui la composent ne communiquoient point entr'eux par le secours de l'imprimerie ? L'association silencieuse d'une multitude d'hommes n'établiroit aucun point de contact dont la lumière pût jaillir, et la foule ne s'enrichiroit jamais des pensées des hommes supérieurs.

L'espèce humaine se renouvellant toujours, un individu ne peut faire de vide que dans l'opinion ; et pour que cette opinion existe, il faut avoir un moyen de s'entendre à distance, de se réunir par des idées et des sentimens généralement approuvés. Les poètes, les moralistes caractérisent d'avance la nature des belles actions ; l'étude des lettres met une nation en état de récompenser ses grands hommes, en l'instruisant à les juger selon leur valeur relative. La gloire militaire a existé chez les peuples barbares. Mais il ne faut jamais comparer l'ignorance à la dégradation ; un peuple qui a été civilisé par les lumières, s'il retombe dans l'indifférence pour le talent et la philosophie, devient incapable de toute espèce de sentiment vif; il lui reste une sorte d'esprit de dénigrement, qui le porte à tout hasard à se refuser à l'admiration ; il craint de se tromper dans les louanges, et croit, comme les jeunes gens qui prétendent au bon air, qu'on se fait plus d'honneur en critiquant même avec injustice, qu'en approuvant trop facilement. Un tel peuple est alors dans une disposition presque toujours insouciante ; le froid de l'âge semble atteindre la nation toute entière : on en sait assez pour n'être pas étonné ; on n'a pas acquis assez de connoissances pour démêler avec certitude ce qui mérite l'estime ; beaucoup d'illusions sont détruites, sans qu'aucune vérité soit établie ; on est retombé dans l'enfance par la vieillesse, dans l'incertitude par le raisonnement; l'intérêt mutuel n'existe plus : on est dans cet état que le Dante appeloit *l'enfer des tièdes.* Celui qui cherche à se distinguer inspire d'abord une prévention défavorable ; le public malade est fatigué d'avance par qui veut obtenir encore un signe de lui.

Quand une nation acquiert chaque jour de nouvelles lumières, elle aime les grands hommes, comme ses précurseurs dans la route qu'elle doit parcourir; mais lorsqu'elle se sent rétrograder, le petit nombre d'esprits supérieurs qui échappent à sa décadence, lui semble, pour ainsi dire, enrichi de ses dépouilles. Elle n'a plus d'intérêt commun avec leurs succès; ils ne lui font éprouver que le sentiment de l'envie.

La dissémination d'idées et de connoissances qu'ont produite chez les Européens la destruction de l'esclavage et la découverte de l'imprimerie, cette dissémination doit amener ou des progrès sans terme, ou l'avilissement complet des sociétés. Si l'analyse remonte jusqu'au vrai principe des institutions, elle donnera un nouveau degré de force aux vérités qu'elle aura conservées; mais cette analyse superficielle, qui décompose les premières idées qui se présentent, sans examiner l'objet tout entier, cette analyse affoiblit nécessairement le mobile des opinions fortes. Au milieu d'une nation indécise et blasée, l'admiration profonde seroit impossible; et les succès militaires même ne pourroient obtenir une réputation immortelle, si les idées littéraires et philosophiques ne rendoient pas les hommes capables de sentir et de consacrer la gloire des héros.

Il n'est pas vrai qu'un grand homme ait plus d'éclat, en étant seul célèbre, qu'environné de noms fameux qui le cèdent au premier de tous, au sien. On a dit en politique qu'un roi ne pouvoit pas subsister sans noblesse ou sans pairie ; à la cour de l'opinion, il faut aussi que des gradations de rangs garantissent la suprématie. Qu'est-ce qu'un conquérant opposant des barbares à des barbares dans la nuit de l'ignorance ? César n'est si fameux dans l'histoire, que parce qu'il a décidé du destin de Rome, et que dans Rome étoient Cicéron, Salluste, Caton, tant de talens et tant de vertus que subjuguoit l'épée d'un seul homme. Derrière Alexandre s'élevoit encore l'ombre de la Grèce. Il faut, pour l'éclat même des guerriers illustres, que le pays qu'ils asservissent soit enrichi de tous les dons de l'esprit humain. Je ne sais si la puissance de la pensée doit détruire un jour le fléau de la guerre ; mais avant ce jour, c'est encore elle, c'est l'éloquence et l'imagination, c'est la philosophie même qui relèvent l'importance des actions guerrières. Si vous laissez tout s'effacer, tout s'avilir, la force pourra dominer; mais aucun éclat véritable ne l'environnera ; les hommes seront mille fois plus dégradés par la perte de l'émulation, que par les fureurs jalouses dont la gloire du moins étoit encore l'objet.

De la Littérature dans ses rapports avec la Liberté.

La liberté, la vertu, la gloire, les lumières, ce cortége imposant de l'homme dans sa dignité naturelle, ces idées alliées entr'elles, et dont l'origine est la même, ne sauroient exister isolément. Le complément de chacune est dans la réunion de toutes. Les ames qui se complaisent à rattacher la destinée de l'homme à une pensée divine, voient dans cet ensemble, dans cette relation intime entre tout ce qui est bien, une preuve de plus de l'unité morale, de l'unité de conception qui dirige cet univers.

Les progrès de la littérature, c'est-à-dire, le perfectionnement de l'art de penser et de s'exprimer, sont nécessaires à l'établissement et à la conservation de la liberté. Il est évident que les lumières sont d'autant plus indispensables dans un pays, que tous les citoyens qui l'habitent ont une part plus immédiate à l'action du gouvernement. Mais ce qui est également vrai, c'est que l'égalité politique, principe inhérent à toute constitution philosophique, ne peut subsister, que si vous classez les différences d'éducation, avec encore plus de soin que la féodalité n'en mettoit dans ses distinctions arbitraires. La pureté du langage, la noblesse des expressions, images de la fierté de l'ame, sont nécessaires sur-tout dans un état fondé sur les bases démocratiques. Ailleurs, de certaines barrières factices empêchent la confusion totale des diverses éducations ; mais lorsque le pouvoir ne repose que sur la supposition du mérite personnel, quel intéret ne doit-on pas mettre à conserver à ce mérite tous ses caractères extérieurs !

Dans un état démocratique, il faut craindre sans cesse que le desir de la popularité n'entraîne à l'imitation des mœurs vulgaires ; bientôt on se persuaderoit qu'il est inutile, et presque nuisible, d'avoir une supériorité trop marquée sur la multitude qu'on veut captiver. Le peuple s'accoutumeroit à choisir des magistrats ignorans et grossiers ; ces magistrats étoufferoient les lumières ; et, par un cercle inévitable, la perte des lumières ramèneroit l'asservissement du peuple.

Il est impossible que, dans un état libre, l'autorité publique se passe du consentement véritable des citoyens qu'elle gouverne. Le raisonnement et l'éloquence sont les liens naturels d'une association républicaine. Que pouvez-vous sur la volonté libre des hommes, si vous n'avez pas cette force, cette vérité de langage qui pénètre les ames, et leur inspire ce qu'elle exprime? Si les hommes appelés à diriger l'état n'ont point le secret de persuader les esprits, la nation ne s'éclaire point, et les individus conservent, sur toutes les affaires publiques, l'opinion que le hasard a fait naître dans leur tête. Un des principaux motifs pour regretter l'éloquence, c'est qu'une telle perte isoleroit les hommes entr'eux, en les livrant uniquement à leurs impressions personnelles. Il faut opprimer lorsqu'on ne sait pas convaincre ; dans toutes les relations politiques des gouvernans et des gouvernés, une qualité de moins exige une usurpation de plus.

Des institutions nouvelles doivent former un esprit nouveau dans les pays qu'on veut rendre libres. Mais comment pouvez-vous rien fonder dans l'opinion, sans le secours des écrivains distingués?

Il faut faire naître le desir, au lieu de commander l'obéissance ; et lors même qu'avec raison le gouvernement souhaite que telles institutions soient établies, il doit ménager assez l'opinion publique, pour avoir l'air d'accorder ce qu'il desire. Il n'y a que des écrits bien faits qui puissent à la longue diriger et modifier de certaines habitudes nationales. L'homme a, dans le secret de sa pensée, un asyle de liberté impénétrable à l'action de la force ; les conquérans ont souvent pris les mœurs des vaincus : la conviction a seule changé les anciennes coutumes. C'est par les progrès de la littérature qu'on peut combattre efficacement les vieux préjugés. Les gouvernemens, dans les pays devenus libres, ont besoin, pour détruire les antiques erreurs, du ridicule qui en éloigne les jeunes gens, de la conviction qui en détache l'âge mûr ; ils ont besoin, pour fonder de nouveaux établissemens, d'ex-

citer la curiosité, l'espérance, l'enthousiasme, les sentimens créateurs enfin,
qui ont donné naissance à tout ce qui
existe, à tout ce qui dure; et c'est dans
l'art de parler et d'écrire que se trouvent
les seuls moyens d'inspirer ces sentimens.

L'activité nécessaire à toutes les nations libres, s'exerce par l'esprit de faction, si l'accroissement des lumières
n'est pas l'objet de l'intérêt universel,
si cette occupation ne présente pas une
carrière ouverte à tous, qui puisse exciter l'ambition générale. Il faut d'ailleurs
une étude constante de l'histoire et de
la philosophie, pour approfondir et pour
répandre la connoissance des droits et
des devoirs des peuples, et de leurs magistrats. La raison ne sert, dans les empires despotiques, qu'à la résignation
individuelle; mais, dans les états libres,
elle protège le repos et la liberté de
tous.

Parmi les divers développemens de l'esprit humain, c'est la littérature philosophique, c'est l'éloquence et le raisonnement que je considère comme la véritable garantie de la liberté. Les sciences et les arts sont une partie très-importante des travaux intellectuels; mais leurs découvertes, mais leurs succès n'exercent point une influence immédiate sur cette opinion publique qui décide de la destinée des nations. Les géomètres, les physiciens, les peintres et les poètes recevroient des encouragemens sous le règne de rois tout-puissans, tandis que la philosophie politique et religieuse paroîtroit à de tels maîtres la plus redoutable des insurrections.

Ceux qui se livrent à l'étude des sciences positives, ne rencontrant point dans leur route les passions des hommes, s'accoutument à ne compter que ce qui est susceptible d'une démonstration mathématique. Les savans classent presque toujours parmi les illusions, ce qui ne peut être soumis à la logique du calcul. Ils évaluent d'abord la force du gouvernement, quel qu'il soit ; et comme ils ne forment d'autre desir que de se livrer en paix à l'activité de leurs travaux, ils sont portés à l'obéissance envers l'autorité qui domine. La méditation profonde qu'exigent les combinaisons des sciences exactes, détourne les savans de s'intéresser aux événemens de la vie ; et rien ne convient mieux aux monarques absolus, que des hommes si profondément occupés des loix physiques du monde, qu'ils en abandonnent l'ordre moral à qui voudra s'en saisir. Sans doute les découvertes des sciences doivent à la longue donner une nouvelle force à cette haute philosophie (1) qui juge les peuples et les rois ; mais cet avenir éloigné

---

(1) L'on m'a demandé quelle définition je donnois

n'effraie point les tyrans : l'on en a vu plusieurs protéger les sciences et les arts; tous ont redouté les ennemis naturels de la protection même, les penseurs et les philosophes.

La poésie est de tous les arts celui qui appartient de plus près à la raison. Ce-

---

du mot philosophie dont je me suis plusieurs fois servie dans le cours de cet ouvrage. Avant de répondre à cette question, qu'il me soit permis de transcrire ici une note de Rousseau, dans le second livre de son Emile.

« J'ai fait cent fois réflexion en écrivant, qu'il est
» impossible, dans un long ouvrage, de donner tou-
» jours les mêmes sens aux mêmes mots. Il n'y a
» point de langue assez riche pour fournir autant de
» termes, de tours et de phrases que nos idées peuvent
» avoir de modifications. La méthode de définir tous
» les termes, et de substituer sans cesse la définition
» à la place du défini, est belle, mais impraticable;
» car comment éviter le cercle? Les définitions pour-
» roient être bonnes, si l'on n'employoit pas des mots
» pour les faire. Malgré cela, je suis persuadé qu'on
» peut être clair, même dans la pauvreté de notre
» langue, non pas en donnant toujours les mêmes
» acceptions aux mêmes mots, mais en faisant en

pendant la poésie n'admet ni l'analyse, ni l'examen qui sert à découvrir et à propager les idées philosophiques. Celui qui voudroit énoncer une vérité nouvelle et hardie, écriroit de préférence dans la langue qui rend exactement et précisément la pensée ; il chercheroit plutôt à

» sorte, autant de fois qu'on emploie chaque mot,
» que l'acception qu'on lui donne soit suffisamment
» déterminée par les idées qui s'y rapportent, et que
» chaque période où ce mot se trouve, lui serve, pour
» ainsi dire, de définition ».

Après avoir cité cette opinion d'un grand maître contre les définitions, je dirai que je ne donne jamais au mot philosophie, dans le cours de cet ouvrage, le sens que ses détracteurs ont voulu lui donner de nos jours, soit en opposant la philosophie aux idées religieuses, soit en appelant philosophiques des systêmes purement sophistiques. J'entends par philosophie la connoissance générale des causes et des effets dans l'ordre moral ou dans la nature physique, l'indépendance de la raison, l'exercice de la pensée ; enfin, dans la littérature, les ouvrages qui tiennent à la réflexion ou à l'analyse, et qui ne sont pas uniquement le produit de l'imagination, du cœur, ou de l'esprit.

convaincre par le raisonnement qu'à entraîner par l'imagination. La poésie a été plus souvent consacrée à louer qu'à censurer le pouvoir despotique. Les beaux arts, en général, peuvent quelquefois contribuer, par leurs jouissances mêmes, à former des sujets tels que les tyrans les desirent. Les arts peuvent distraire l'esprit par les plaisirs de chaque jour, de toute pensée dominante ; ils ramènent les hommes vers les sensations, et ils inspirent à l'ame une philosophie voluptueuse, une insouciance raisonnée, un amour du présent, un oubli de l'avenir très-favorable à la tyrannie. Par un singulier contraste, les arts, qui font goûter la vie, rendent assez indifférens à la mort. Les passions seules attachent fortement à l'existence, par l'ardente volonté d'atteindre leur but ; mais cette vie consacrée aux plaisirs, amuse sans captiver ; elle prépare à l'ivresse, au sommeil, à la mort. Dans les temps devenus fameux par des proscriptions sanguinaires, les Romains et les Français se livroient aux amusemens publics avec le plus vif empressement ; tandis que dans les républiques heureuses, les affections domestiques, les occupations sérieuses, l'amour de la gloire, détournent souvent l'esprit des jouissances mêmes des beaux arts. La seule puissance littéraire qui fasse trembler toutes les autorités injustes, c'est l'éloquence généreuse, c'est la philosophie indépendante, qui juge au tribunal de la pensée toutes les institutions et toutes les opinions humaines.

L'influence trop grande de l'esprit militaire, est aussi un imminent danger pour les états libres ; et l'on ne peut prévenir un tel péril, que par les progrès des lumières et de l'esprit philosophique. Ce qui permet aux guerriers de jeter quelque dédain sur les hommes de lettres, c'est parce que leurs talens ne sont pas toujours réunis à la force et à la vérité du caractère. Mais l'art d'écrire seroit aussi une arme, la parole seroit aussi une action, si l'énergie de l'ame s'y peignoit toute entière, si les sentimens s'élevoient à la hauteur des idées, et si la tyrannie se voyoit ainsi attaquée par tout ce qui la condamne, l'indignation généreuse et la raison inflexible. La considération alors ne seroit pas exclusivement attachée aux exploits militaires; ce qui nécessairement expose la liberté.

La discipline bannit toute espèce d'opinion parmi les troupes. A cet égard, leur esprit de corps a quelques rapports avec celui des prêtres; il exclut de même le raisonnement, en admettant pour unique règle la volonté des supérieurs. L'exercice continuel de la toute-puissance des armes finit par inspirer du mépris pour les progrès lents de la persuasion. L'enthousiasme qu'inspirent des généraux vainqueurs, est tout-à-fait indépendant de la justice de la cause qu'ils soutiennent. Ce qui frappe l'imagination, c'est la décision de la fortune, c'est le succès de la valeur. En gagnant des batailles, on peut soumettre les ennemis de la liberté; mais pour faire adopter dans l'intérieur les principes de cette liberté même, il faut que l'esprit militaire s'efface; il faut que la pensée, réunie à des qualités guerrières, au courage, à l'ardeur, à la décision, fasse naître dans l'ame des hommes quelque chose de spontané, de volontaire, qui s'éteint en eux lorsqu'ils ont vu pendant long-temps le triomphe de la force. L'esprit militaire est le même dans tous les siècles et dans tous les pays; il ne caractérise point la nation, il ne lie point le peuple à telle ou telle institution. Il est également propre à les défendre toutes. L'éloquence, l'amour des lettres et des beaux arts, la philosophie, peuvent seuls faire d'un territoire une patrie, en donnant à la nation qui l'habite les mêmes goûts, les mêmes habitudes et les mêmes sentimens. La force se passe du temps, et brise la volonté ; mais par cela même elle ne peut rien fonder parmi les hommes. L'on a souvent répété dans la révolution de France, qu'il falloit du despotisme pour établir la liberté. On a lié par des mots un contre-sens dont on a fait une phrase ; mais cette phrase ne change rien à la vérité des choses. Les institutions établies par la force, imiteroient tout de la liberté, excepté son mouvement naturel ; les formes y seroient comme dans ces modèles qui vous effraient par leur ressemblance : vous y retrouvez tout, hors la vie.

De la Littérature dans ses rapports avec le Bonheur.

On a presque perdu de vue l'idée du bonheur au milieu des efforts qui sembloient d'abord l'avoir pour objet; et l'égoïsme, en ôtant à chacun le secours des autres, a de beaucoup diminué la part de félicité que l'ordre social promettoit à tous. Vainement les ames sensibles voudroient-elles exercer autour d'elles leur expansive bienveillance; d'insurmontables difficultés mettroient obstacle à ce généreux dessein : l'opinion même le condamneroit; elle blâme ceux qui cherchent à sortir de cette sphère de personnalité que chacun veut conserver comme son asyle inviolable. Il faut donc exister seul, puisqu'il est interdit de secourir le malheur, et qu'on ne peut plus rencontrer l'affection. Il faut exister seul, pour conserver dans sa pen-

sée le modèle de tout ce qui est grand et
beau, pour garder dans son sein le feu
sacré d'un enthousiasme véritable, et
l'image de la vertu, telle que la méditation libre nous la représentera toujours,
et telle que nous l'ont peinte les hommes
distingués de tous les temps. Que de-
viendroit-on dans un monde où l'on n'en-
tendroit jamais parler la langue des sentimens bons et généreux ? L'on porteroit
l'émotion au milieu d'êtres égoïstes, la
raison impartiale lutteroit en vain contre
les sophismes du vice, et la pitié sérieuse
livrée sans cesse à tous les dédains de la
frivolité cruelle. Peut-être finiroit-on par
perdre jusqu'à l'estime de soi. L'homme
a besoin de s'appuyer sur l'opinion de
l'homme ; il n'ose se fier entièrement au
sentiment de sa conscience ; il s'accuse
de folie, s'il ne voit rien de semblable
à lui ; et telle est la foiblesse de la nature
humaine, telle est sa dépendance de la
société, que l'homme pourroit presque

se repentir de ses qualités comme de défauts involontaires, si l'opinion générale s'accordoit à l'en blâmer : mais il a recours, dans son inquiétude, à ces livres, monumens des meilleurs et des plus nobles sentimens de tous les âges. S'il aime la liberté, si ce nom de république, si puissant sur les ames fières, se réunit dans sa pensée à l'image de toutes les vertus, quelques vies de Plutarque, une lettre de Brutus à Cicéron, des paroles de Caton d'Utique dans la langue d'Addisson, des réflexions que la haine de la tyrannie inspiroit à Tacite, les sentimens recueillis ou supposés par les historiens et par les poètes, relèvent l'ame, que flétrissoient les événemens contemporains. Un caractère élevé redevient content de lui-même, s'il se trouve d'accord avec ces nobles sentimens, avec les vertus que l'imagination même a choisies, lorsqu'elle a voulu tracer un modèle à tous les siècles. Que de consolations nous sont données par les écrivains d'un talent supérieur et d'une ame élevée ! Les grands hommes de la première antiquité, s'ils étoient calomniés pendant leur vie, n'avoient de ressource qu'en eux-mêmes ; mais, pour nous, c'est le Phédon de Socrate, ce sont les plus beaux chefs-d'œuvre de l'éloquence qui soutiennent notre ame dans les revers. Les philosophes de tous les pays nous exhortent et nous encouragent ; et le langage pénétrant de la morale et de la connoissance intime du cœur humain, semble s'adresser personnellement à tous ceux qu'il console.

Qu'il est humain, qu'il est utile d'attacher à la littérature, à l'art de penser, une haute importance ! Le type de ce qui est bon et juste ne s'anéantira plus ; l'homme que la nature destine à la vertu ne manquera plus de guide ; enfin (et ce bien est infini) la douleur pourra toujours éprouver un attendrissement salutaire. Cette tristesse aride qui naît de l'isolement, cette main de glace qu'appesantit sur nous le malheur, lorsque nous croyons n'exciter aucune pitié, nous en sommes du moins préservés par les écrits conservateurs des idées, des affections vertueuses. Ces écrits font couler des larmes dans toutes les situations de la vie ; ils élèvent l'ame à des méditations générales qui détournent la pensée des peines individuelles ; ils créent pour nous une société, une communication avec les écrivains qui ne sont plus, avec ceux qui existent encore, avec les hommes qui admirent, comme nous, ce que nous lisons. Dans les déserts de l'exil, au fond des prisons, à la veille de périr, telle page d'un auteur sensible a relevé peut-être une ame abattue : moi qui la lis, moi qu'elle touche, je crois y retrouver encore la trace de quelques larmes ; et par des émotions semblables, j'ai quelques rapports avec ceux dont je plains si profondément la destinée. Dans le calme, dans le bonheur, la vie est un travail facile ; mais on ne sait pas combien, dans l'infortune, de certaines pensées, de certains sentimens qui ont ébranlé votre cœur, font époque dans l'histoire de vos impressions solitaires. Ce qui peut seul soulager la douleur, c'est la possibilité de pleurer sur sa destinée, de prendre à soi cette sorte d'intérêt qui fait de nous deux êtres pour ainsi dire séparés, dont l'un a pitié de l'autre. Cette ressource du malheur n'appartient qu'à l'homme vertueux. Alors que le criminel éprouve l'adversité, il ne peut se faire aucun bien à lui-même par ses propres réflexions; tant qu'un vrai repentir ne le remet pas dans une disposition morale, tant qu'il conserve l'âpreté du crime, il souffre cruellement : mais aucune parole douce ne peut se faire entendre dans les abîmes de son cœur. L'infortuné qui, par le concours de quelques calomnies propagées, est tout-à-coup généralement accusé, seroit presque aussi lui-même dans la situation d'un vrai coupable, s'il ne trouvoit quelques secours dans ces écrits qui l'aident à se reconnoître, qui lui font croire à ses pareils, et lui donnent l'assurance que, dans quelques lieux de la terre, il a existé des êtres qui s'attendriroient sur lui, et le plaindroient avec affection, s'il pouvoit s'adresser à eux.

Qu'elles sont précieuses ces lignes toujours vivantes qui servent encore d'ami, d'opinion publique et de patrie ! Dans ce siècle où tant de malheurs ont pesé sur l'espèce humaine, puissions-nous posséder un écrivain qui recueille avec talent toutes les réflexions mélancoliques, tous les efforts raisonnés qui ont été de quelque secours aux infortunés dans leur carrière : alors du moins nos larmes seroient fécondes !

Le voyageur que la tempête a fait échouer sur des plages inhabitées, grave sur le roc le nom des alimens qu'il a découverts, indique où sont les ressources qu'il a employées contre la mort, afin d'être utile un jour à ceux qui subiroient la même destinée. Nous, que le hasard de la vie a jetés dans l'époque d'une révolution, nous devons aux générations futures la connoissance intime de ces secrets de l'ame, de ces consolations inattendues, dont la nature conservatrice s'est servie pour nous aider à traverser l'existence.

Plan de l'Ouvrage.

Après avoir rassemblé quelques-unes des idées générales qui montrent la puissance que peut exercer la littérature sur la destinée de l'homme, je vais les développer par l'examen successif des principales époques célèbres dans l'histoire des lettres. La première partie de cet ouvrage contiendra une analyse morale et philosophique de la littérature grecque et latine; quelques réflexions sur les conséquences qui sont résultées, pour l'esprit humain, des invasions des peuples du nord, de l'établissement de la religion chrétienne, et de la renaissance des lettres; un apperçu rapide des traits distinctifs de la littérature moderne, et des observations plus détaillées sur les chefs d'œuvre de la littérature italienne, anglaise, allemande et française, considérés selon le but général de cet ouvrage, c'est-à-dire, d'après les rapports qui existent entre l'état politique d'un pays et l'esprit dominant de la littérature. J'essayerai de montrer quel est le caractère que telle ou telle forme de gouvernement donne à l'éloquence, les idées de morale que telle ou telle croyance religieuse développe dans l'esprit humain, les effets d'imagination qui sont produits par la crédulité des peuples, les beautés poétiques qui appartiennent au climat, le degré de civilisation le plus favorable à la force ou à la perfection de la littérature, les différens changemens qui se sont introduits dans les écrits comme dans les mœurs, par le mode d'existence des femmes avant et depuis l'établissement de la religion chrétienne, enfin le progrès universel des lumières par le simple effet de la succession des temps; tel est le sujet de la première partie.

Dans la seconde, j'examinerai l'état des lumières et de la littérature en France, depuis la révolution; et je me permettrai des conjectures sur ce qu'elles devroient être, et sur ce qu'elles seront, si nous possédons un jour la morale et la liberté républicaine; et fondant mes conjectures sur mes observations, je rappellerai ce que j'aurai remarqué dans la première partie sur l'influence qu'ont exercée telle religion, tel gouvernement ou telles mœurs, et j'en tirerai quelques conséquences pour l'avenir que je suppose. Cette seconde partie montrera à-la-fois, et notre dégradation actuelle, et notre amélioration possible. Ce sujet ramène nécessairement quelquefois à la situation politique de la France depuis dix ans; mais je ne la considère que dans ses rapports avec la littérature et la philosophie, sans me livrer à aucun développement étranger à mon but.

En parcourant les révolutions du monde et la succession des siècles, il est une idée première dont je ne détourne jamais mon attention; c'est la perfectibilité de l'espèce humaine (1). Je ne pense

---

(1) Les idées philosophiques donnent lieu souvent à tant d'interprétations absurdes, que j'ai cru nécessaire d'expliquer positivement, dans la préface de la seconde édition de cet ouvrage, ce que j'entends par la perfectibilité de l'espèce humaine et de l'esprit humain.

pas que ce grand œuvre de la nature morale ait jamais été abandonné ; dans les périodes lumineuses, comme dans les siècles de ténèbres, la marche graduelle de l'esprit humain n'a point été interrompue.

Ce système est devenu odieux à quelques personnes, par les conséquences atroces qu'on en a tirées à quelques époques désastreuses de la révolution ; mais rien cependant n'a moins de rapport avec de telles conséquences que ce noble système. Comme la nature fait quelquefois servir des maux partiels au bien général, de stupides barbares se croyoient des législateurs suprêmes, en versant sur l'espèce humaine des infortunes sans nombre dont ils se promettoient de diriger les effets, et qui n'ont amené que le malheur et la destruction. La philosophie peut quelquefois considérer les souffrances passées comme des leçons utiles, comme des moyens réparateurs dans la main du temps ; mais cette idée n'autorise point à s'écarter soi-même en aucune circonstance des loix positives de la justice. L'esprit humain ne pouvant jamais connoître l'avenir avec certitude, la vertu doit être sa divination. Les suites quelconques des actions des hommes ne sauroient ni les rendre innocentes, ni les rendre coupables; l'homme a pour guide des devoirs fixes, et non des combinaisons arbitraires; et l'expérience même a prouvé qu'on n'atteint point au but moral qu'on se propose, lorsqu'on se permet des moyens coupables pour y parvenir. Mais parce que des hommes cruels ont prostitué dans leur langage des expressions généreuses, s'ensuivroit-il qu'il n'est plus permis de se rallier à de sublimes pensées ? Le scélérat pourroit ainsi ravir à l'homme de bien tous les objets de son culte ; car c'est toujours au nom d'une vertu que se commettent les attentats politiques.

Non, rien ne peut détacher la raison des idées fécondes en résultats heureux. Dans quel découragement l'esprit ne tomberoit-il pas, s'il cessoit d'espérer que chaque jour ajoute à la masse des lumières, que chaque jour des vérités philosophiques acquièrent un développement nouveau ; persécutions, calomnies, douleurs, voilà le partage des penseurs courageux et des moralistes éclairés. Les ambitieux et les avides, tantôt cherchent à tourner en dérision la duperie de la conscience, tantôt s'efforcent de supposer d'indignes motifs à des actions généreuses : ils ne peuvent supporter que la morale subsiste encore; ils la poursuivent dans le cœur où elle se refugie. L'envie des méchans s'attache à ce rayon lumineux qui brille encore sur la tête de l'homme moral. Cet éclat que leurs calomnies obscurcissent souvent aux yeux du monde, ne cesse jamais d'offusquer leurs propres regards. Que deviendroit l'être estimable que tant d'ennemis persécutent, si l'on vouloit encore lui ôter l'espérance la plus religieuse qui soit sur la terre, les progrès futurs de l'espèce humaine?

J'adopte de toutes mes facultés cette croyance philosophique : un de ses principaux avantages, c'est d'inspirer un grand sentiment d'élévation; et je le demande à tous les esprits d'un certain ordre, y a-t-il au monde une plus pure jouissance que l'élévation de l'ame? C'est par elle qu'il existe encore des instans où tous ces hommes si bas, tous ces calculs si vils disparoissent à nos regards. L'espoir d'atteindre à des idées utiles, l'amour de la morale, l'ambition de la gloire, inspirent une force nouvelle; des impressions vagues, des sentimens qu'on ne peut entièrement se définir, charment un moment la vie, et tout notre être moral s'enivre du bonheur et de l'orgueil de la vertu. Si tous les efforts devoient être inutiles, si les travaux intellectuels étoient perdus, si les siècles les engloutissoient sans retour, quel but l'homme de bien pourroit-il se proposer dans ses méditations solitaires ? Je suis donc revenue sans cesse, dans cet ouvrage, à tout ce qui peut prouver la perfectibilité de l'espèce humaine. Ce n'est point une vaine théorie, c'est l'observation des faits qui conduit à ce résultat. Il faut se garder de la métaphysique qui n'a pas l'appui de l'expérience ; mais il ne faut pas oublier que, dans les siècles corrompus, l'on appelle métaphysique tout ce qui n'est pas aussi étroit que les calculs de l'égoïsme, aussi positif que les combinaisons de l'intérêt personnel.

PREMIERE PARTIE.

De la Littérature chez les Anciens et chez les Modernes.

CHAPITRE PREMIER.

De la première Époque de la Littérature des Grecs.

Je comprends dans cet ouvrage, sous la dénomination de littérature, la poésie, l'éloquence, l'histoire et la philosophie, ou l'étude de l'homme moral. Dans ces diverses branches de la littérature, il faut distinguer ce qui appartient à l'imagination, de ce qui appartient à la pensée : il est donc nécessaire d'examiner jusqu'à quel point l'une et l'autre de ces facultés sont perfectibles ; nous saurons alors quelle est la principale cause de la supériorité des Grecs dans les beaux arts, et nous verrons ensuite si leurs connoissances en philosophie ont été au-delà de leur siècle, de leur gouvernement et de leur civilisation.

Leurs succès étonnans dans la littérature, et sur-tout dans la poésie, pourroient être présentés comme une objection contre la perfectibilité de l'esprit humain. Les premiers écrivains qui nous sont connus, diroit-on, et en particulier le premier poète, n'ont point été surpassés depuis près de trois mille ans, et souvent même les successeurs des Grecs sont restés bien au-dessous d'eux; mais cette objection tombe, si l'on n'applique le système de perfectibilité qu'aux progrès des idées, et non aux merveilles de l'imagination.

On peut marquer un terme aux progrès des arts; il n'en est point aux découvertes de la pensée. Or, dans la nature morale, dès qu'il existe un terme, la route qui y conduit est promptement parcourue; mais les pas sont toujours lents dans une carrière sans bornes. Cette observation me paroît s'appliquer encore à beaucoup d'autres objets que ceux qui sont uniquement du ressort de la littérature. Les beaux arts ne sont pas perfectibles à l'infini ; aussi l'imagination, qui leur donna naissance, est-elle beaucoup plus brillante dans ses premières impressions que dans ses souvenirs même les plus heureux.

La poésie moderne se compose d'images et de sentimens. Sous le premier rapport, elle appartient à l'imitation de la nature ; sous le second, à l'éloquence des passions. C'est dans le premier genre, c'est par la description animée des objets extérieurs que les Grecs ont excellé dans la plus ancienne époque de leur littérature. En exprimant ce qu'on éprouve, on peut avoir un style poétique, recourir à des images pour fortifier des impressions ; mais la poésie proprement dite, c'est l'art de peindre par la parole tout ce qui frappe nos regards. L'alliance des sentimens avec les sensations est déjà un premier pas vers la philosophie. Il ne s'agit ici que de la poésie, considérée seulement comme l'imitation de la nature physique. Celle-là n'est point susceptible d'une perfection indéfinie.

Vous produisez de nouveaux effets par les mêmes moyens, en les adaptant à des langues différentes. Mais le portrait ne peut aller plus loin que la ressemblance, et les sensations sont bornées par les sens. La description du printemps, de l'orage, de la nuit, de la beauté, des combats, peut se varier dans ses détails ; mais la plus forte impression a dû être produite par le premier poète qui a su les peindre. Les élémens se combinent, mais ne se multiplient pas. Vous perfectionnez par les nuances ; mais celui qui a pu s'emparer avant tous les autres des couleurs primitives, conserve un mérite d'invention, donne à ses tableaux un éclat que ses successeurs ne peuvent atteindre.

Les contrastes de la nature, les effets remarquables qui frappent tous les yeux, transportés pour la première fois dans la poésie, présentent à l'imagination les peintures les plus énergiques, et les oppositions les plus simples. Les pensées qu'on ajoute à la poésie, sont un heureux développement de ses beautés ; mais ce n'est pas la poésie même ; Aristote l'a nommée le premier un art d'imitation. La puissance de la raison se développe et s'étend chaque jour à des objets nouveaux.

Les siècles en ce genre sont héritiers des siècles ; les générations partent du point où se sont arrêtées les générations précédentes, et les penseurs philosophes forment à travers les temps une chaîne d'idées que n'interrompt point la mort ; il n'en est pas de même de la poésie, elle peut atteindre du premier jet à un certain genre de beautés qui ne seront point surpassées, et tandis que dans les sciences progressives le dernier pas est le plus étonnant de tous, la puissance de l'imagination est d'autant plus vive que l'exercice de cette puissance est plus nouveau.

Les anciens étoient animés par une imagination enthousiaste, dont la méditation n'avoit point analysé les impressions. Ils prenoient possession de la terre non encore parcourue, non encore décrite ; étonnés de chaque jouissance, de chaque production de la nature, ils y plaçoient un dieu pour l'honorer, pour en assurer la durée. Ils écrivoient sans autre modèle que les objets même qu'ils retraçoient ; aucune littérature antécédente ne leur servoit de guide ; l'exaltation poétique s'ignorant elle-même, a par cela seul un degré de force et de candeur que l'étude ne peut atteindre, c'est le charme du premier amour ; dès qu'il existe une autre littérature, les écrivains ne peuvent méconnoître en eux-mêmes les sentimens que d'autres ont exprimés ; ils ne sont plus étonnés par rien de ce qu'ils éprouvent ; ils se savent en délire ; ils se jugent enthousiastes ; ils ne peuvent plus croire à une inspiration surnaturelle.

On peut considérer les Grecs, relativement à la littérature, comme le premier peuple qui ait existé : les Egyptiens qui les ont précédés ont eu certainement des connoissances et des idées, mais l'uniformité de leurs règles les rendoit, pour ainsi dire, immobiles sous les rapports de l'imagination ; les Egyptiens n'avoient point servi de modèles à la poésie des Grecs ; elle étoit en effet la première de toutes (1) ; et loin qu'il faille s'étonner que la première poésie ait été peut-être la plus digne de notre admi-

---

(1) On croit que la poésie des Hébreux a précédé celle d'Homère ; mais il ne paroît pas que les Grecs en aient eu aucune connoissance.

ration, c'est à cette circonstance même qu'est due sa supériorité (1). Donnons encore à cette opinion quelques nouveaux développemens.

En examinant les trois différentes époques de la littérature des Grecs, on y apperçoit très-distinctement la marche naturelle de l'esprit humain. Les Grecs ont été d'abord, dans les temps reculés de leur histoire connue, illustrés par leurs poètes. C'est Homère qui caractérise la première époque de la littérature grecque : pendant le siècle de Périclès, on remarque les rapides progrès de l'art dramatique, de l'éloquence, de la morale et les commencemens de la philosophie : du temps d'Alexandre, une étude plus approfondie des sciences philosophiques devient l'occupation principale des hommes supérieurs dans les lettres. Il faut, sans doute, un certain degré de développement dans l'esprit humain, pour atteindre à la hauteur de la poésie; mais cette partie de la littérature doit perdre néanmoins quelques-

---

(1) S'exprimer ainsi, est-ce méconnoître l'admiration que les bons littérateurs doivent aux Grecs?

uns de ses effets, lorsque les progrès de la civilisation et de la philosophie rectifient toutes les erreurs de l'imagination.

On a beaucoup dit que les beaux arts, que la poésie prospéroient sur-tout dans les siècles corrompus ; cela signifie seulement que la plupart des peuples libres ne se sont occupés que de conserver leur morale et leur liberté, tandis que les rois et les chefs despotiques ont encouragé volontiers les distractions et les amusemens. Mais l'origine de la poésie, mais le poëme le plus remarquable par l'imagination, celui d'Homère, est d'un temps renommé pour la simplicité des mœurs ; ce n'est ni la vertu ni la dépravation qui servent ou nuisent à la poésie ; mais elle doit beaucoup à la nouveauté de la nature, à l'enfance de la civilisation : la jeunesse du poète ne peut suppléer en tout à celle du genre humain ; il faut que ceux qui écoutent les chants poétiques soient avides de la nature entière, étonnés par ses merveilles, et flexibles à ses impressions ; les difficultés que présenteroit une disposition plus philosophique dans les auditeurs ne feroient pas que l'art des vers atteignît à de nouvelles beautés ; c'est au milieu des hommes qui s'émeuvent aisément, que l'inspiration sert mieux le véritable poète.

L'origine des sociétés, la formation des langues, ces premiers pas de l'esprit humain nous sont entièrement inconnus, et rien n'est plus fatigant, en général, que cette métaphysique qui suppose des faits à l'appui de ses systêmes, et ne peut jamais avoir pour base aucune observation positive. Mais une réflexion que je ferai cependant sur ce sujet, parce qu'elle est nécessaire à celui que je traite, c'est que la nature morale acquiert promptement ce qu'il faut à son développement, comme la nature physique découvre d'abord ce qui est nécessaire à sa conservation. La force créatrice a été prodigue du nécessaire. Les productions nutritives, les idées élémentaires, ont été, pour ainsi dire, offertes à l'homme spontanément. Ce dont il avoit un impérieux besoin, il l'a promptement connu : mais les progrès qui ont suivi les découvertes indispensables, sont à proportion infiniment plus lents que les premiers pas. Il semble qu'une main divine conduise l'homme dans les recherches nécessaires à son existence, et le livre à lui-même dans les études d'une utilité moins immédiate. Par exemple, la théorie d'une langue, celle du grec, suppose une foule de combinaisons abstraites fort au-dessus des connoissances métaphysiques que possédoient les écrivains, qui parloient cependant cette langue avec tant de charme et de pureté; mais le langage est l'instrument nécessaire pour acquérir tous les autres développemens; et, par une sorte de prodige, cet instrument existe, sans qu'à la même époque, aucun homme puisse atteindre, dans quelque autre sujet que ce soit, à la puissance d'abstraction qu'exige la composition d'une grammaire; les auteurs grecs ne doivent point être considérés comme des penseurs aussi profonds que le feroit supposer la métaphysique de leur langue. Ce qu'ils sont, c'est poètes; et tout les favorisoit à cet égard.

Les faits, les caractères, les superstitions, les coutumes des temps héroïques étoient singulièrement propres aux images poétiques. Homère, quelque grand qu'il soit, n'est point un homme au-dessus de tous les autres hommes, ni seul au milieu de son siècle, et de plusieurs siècles supérieurs au sien. Le plus rare génie est toujours en rapport avec les lumières de ses contemporains, et l'on doit calculer, à-peu-près, de combien la pensée d'un homme peut dépasser les connoissances de son temps. Homère a recueilli les traditions qui existoient lorsqu'il a vécu, et l'histoire de tous les événemens principaux étoit alors très-poétique en elle-même. Moins il y avoit de communications faciles entre les divers pays, plus le récit des faits se grossissoit par l'imagination; les brigands et les animaux féroces qui infestoient la terre, rendoient les exploits des guerriers nécessaires à la sécurité individuelle de leurs concitoyens; les événemens publics ayant une influence directe sur la destinée de chacun, la reconnoissance et la crainte animoient l'enthousiasme. On confondoit ensemble les héros et les dieux, parce qu'on en attendoit les mêmes secours; et les hauts faits de la guerre s'offroient avec des traits gigantesques à l'esprit épouvanté. Le merveilleux se mêloit ainsi à la nature morale comme à la nature physique. La philosophie, c'est-à-dire, la connoissance des causes et de leurs effets, porte l'admiration des penseurs sur l'ensemble du grand ouvrage de la création ; mais chaque fait particulier reçoit une explication simple. L'homme, en acquérant la faculté de prévoir, perd beaucoup de celle de s'étonner, et l'enthousiasme, comme l'effroi, se compose souvent de la surprise.

On accordoit, dans l'héroïsme antique, une grande estime à la force du corps; la valeur se composoit beaucoup moins de vertu morale que de puissance physique ; la délicatesse du point d'honneur, le respect pour la foiblesse, sont les idées plus nobles des siècles suivans. Les héros grecs s'accusent publiquement de lâcheté, le fils d'Achille immole une jeune fille aux yeux de tous les Grecs qui applaudissent à ce forfait. Les poètes savoient peindre de la manière la plus frappante les objets extérieurs ; mais ils ne dessinoient jamais des caractères, où la beauté morale fût conservée sans tache jusqu'à la fin du poëme ou de la tragédie, parce que ces caractères n'ont point leur modèle dans la nature.

Quelque sublime que soit Homère par l'ordonnance des événemens et la grandeur des personnages, il arrive souvent à ses commentateurs de se transporter d'admiration pour les termes les plus ordinaires du langage, comme si le poète avoit découvert les idées que ces paroles exprimoient avant lui.

Homère et les poètes grecs ont été remarquables par la splendeur et par la variété des images, mais non par les réflexions approfondies de l'esprit. Le poète a vu, il vous fait voir; il a été frappé, il vous transmet son impression, et tous ses auditeurs, à quelques égards, sont poètes aussi comme lui; ils croient, ils admirent, ils ignorent, ils s'étonnent, et la curiosité de l'enfance s'unit en eux aux passions des hommes. Lisez Homère, il décrit tout, il vous dit que *l'île est entourée d'eau;* que *la farine fait la force de l'homme;* que *le soleil est à midi au-dessus de vos têtes.* Il décrit tout, parce que tout intéressoit encore ses contemporains. Il se répète quelquefois, mais il n'est pas monotone, parce qu'il est sans cesse animé par des sensations nouvelles. Il n'est pas fatigant, parce qu'il ne vous présente jamais d'idées abstraites, et que vous voyagez avec lui à travers une suite d'images plus ou moins agréables, mais qui parlent toujours aux yeux. La métaphysique, l'art de généraliser les idées, a de beaucoup hâté la marche de l'esprit humain; mais, en abrégeant la route, elle a pu quelquefois la dépouiller de ses brillans aspects. Tous les objets se présentent un à un aux regards d'Homère; il ne choisit pas toujours avec sévérité, mais il peint toujours avec intérêt.

Les poètes grecs en général mettoient peu de combinaison dans leurs écrits; la chaleur du climat, la vivacité de leur imagination, les louanges continuelles qu'ils recevoient, tout conspiroit à leur donner une sorte de délire poétique qui leur inspiroit la parole, comme les compositeurs italiens trouvent les airs en modifiant eux-mêmes leur organisation par des accords enivrans. La musique étoit chez les Grecs inséparable de la poésie; et l'harmonie de leur langue achevoit d'assimiler les vers aux accens de la lyre.

Quand on aime véritablement la musique, il est rare qu'on écoute les paroles des beaux airs. On préfère de se livrer au vague indéfini de la rêverie qu'excitent les sons. Il en est de même de la poésie d'images et de celle qui contient des idées philosophiques. La réflexion qu'exigent ces idées distrait, à quelques égards, de la sensation causée par la poésie. Il ne s'ensuit pas que, pour faire de beaux vers, il fallût de nos jours renoncer aux pensées philosophiques que nous avons acquises. L'esprit qui les conçoit est sans cesse ramené vers elles ; et il seroit impossible aux modernes de faire abstraction de tout ce qu'ils savent, pour peindre les objets comme les anciens les ont considérés. Nos grands écrivains ont mis dans leurs vers les richesses de notre siècle ; mais toutes les formes de la poésie, tout ce qui constitue l'essence de cet art, nous l'empruntons de la littérature antique, parce qu'il est impossible, je le répète, de dépasser une certaine borne dans les arts, même dans le premier de tous, la poésie.

On remarque, avec raison, que le goût de la première littérature (à quelques exceptions près que je motiverai en parlant des pièces de théâtre) étoit d'une grande pureté ; mais comment le bon goût n'existeroit-il pas, dans l'abondance et dans la nouveauté de tous les objets agréables ? C'est la satiété qui fait recourir à la bizarrerie ; c'est le besoin de variété qui rend souvent l'esprit recherché ; mais les Grecs, au milieu de tant d'images et de sensations vives, s'abandonnoient à peindre celles qui leur causoient le plus de plaisir. Ils devoient leur bon goût aux jouissances même de la nature ; nos théories ne sont que l'analyse de leurs impressions.

Le paganisme des Grecs étoit l'une des principales causes de la perfection de leur goût dans les arts ; ces dieux, toujours près des hommes, et néanmoins toujours au-dessus d'eux, consacroient l'élégance et la beauté des formes dans tous les genres de tableaux. Cette même religion étoit aussi d'un puissant secours pour les divers chefs-d'œuvre de la littérature. Les prêtres et les législateurs avoient tourné la crédulité des hommes vers des idées purement poétiques ; les mystères, les oracles, l'enfer, tout, dans la mythologie des Grecs, sembloit la création d'une imagination libre dans son choix. On eût dit que les peintres et les poètes avoient disposé de la croyance populaire, pour placer dans les cieux les ressorts et les secrets de leur art. Les usages communs de la vie étoient annoblis par des pratiques religieuses ; notre luxe commode, nos machines combinées par les sciences, nos relations sociales simplifiées par le commerce, ne peuvent se peindre en vers d'un genre élevé. Rien n'est moins poétique que la plupart des coutumes modernes ; et chez les Grecs ces coutumes ajoutoient toutes à l'effet des événemens et à la dignité des hommes. On faisoit précéder les repas de libations aux dieux propices ; sur le seuil de la porte, on se prosternoit devant Jupiter hospitalier ; la vie agricole, la chasse, les occupations champêtres des plus fameux héros de l'antiquité, servoient encore à la poésie, en rapprochant, des faits politiques les plus importans, les images naturelles.

L'esclavage, cet abominable fléau de l'espèce humaine, en augmentant la force des distinctions sociales, faisoit remarquer davantage encore la hauteur des grands caractères. Aucun peuple, donc, n'a réuni pour la poésie autant d'avantages que les Grecs ; mais il leur manquoit ce qu'une philosophie plus morale, une sensibilité plus profonde, peuvent ajouter à la poésie même, en y mêlant des idées et des impressions nouvelles.

Les progrès des Grecs, sous les rapports philosophiques, sont extrêmement faciles à suivre. Eschyle, Sophocle, Euripide, introduisirent successivement et progressivement la morale dans la poésie dramatique. Socrate et Platon s'occupèrent uniquement des préceptes de la vertu. Aristote a fait faire des pas immenses à la science de l'analyse. Mais, à l'époque d'Homère et d'Hésiode, et quelque temps encore après, lorsque dans l'âge le plus remarquable par les chefs-d'œuvre de la poésie, Pindare a composé ses odes, les idées de morale étoient très-incertaines. Elles autorisoient la vengeance, la colère, tous les mouvemens impétueux de l'ame. Hérodote, qui vivoit presqu'à la même époque, raconte le juste et l'injuste, comme les présages et les oracles; le crime lui paroît de mauvais augure, mais ce n'est jamais par sa conscience qu'il en décide. Anacréon, dans sa poésie voluptueuse, est fort inférieur au talent et à la philosophie qu'Horace a montrés en traitant des sujets à-peu-près semblables. Le mot de vertu n'a point un sens positif, dans les auteurs grecs d'alors. Pindare donne ce nom à l'art de triompher dans les courses de char aux jeux olympiques ; ainsi les succès, les plaisirs, la volonté des dieux, les devoirs de l'homme, tout se confondoit dans ces têtes ardentes ; et l'existence sensitive laissoit seule des traces profondes. L'incertitude de la morale, dans ces temps reculés, n'est point une preuve de corruption ; elle indique seulement combien les hommes avoient alors peu d'idées philosophiques ; tout les détournoit de la méditation, rien ne les y ramenoit. L'esprit de réflexion se montre rarement dans la poésie des Grecs. On y trouve encore moins de véritable sensibilité.

Tous les hommes, sans doute, ont connu les douleurs de l'ame, et l'on en reconnoît l'énergique peinture dans Homère; mais la puissance d'aimer semble s'être accrue avec les autres progrès de l'esprit humain, et sur-tout par les mœurs nouvelles qui ont appelé les femmes au partage de la destinée de l'homme. Quelques courtisanes, sans pudeur, des esclaves, que leur sort avilissoit, et des femmes, inconnues au reste du monde, renfermées dans leurs maisons, étrangères aux intérêts de leurs époux, élevées de manière à ne comprendre aucune idée, aucun sentiment, voilà tout ce que les Grecs connoissoient des liens de l'amour. Les fils même respectoient à peine leur mère. Télémaque ordonne à Pénélope de garder le silence ; et Pénélope sort, pénétrée d'admiration pour sa sagesse. Les Grecs n'ont jamais exprimé, n'ont jamais connu le premier sentiment de la nature humaine, l'amitié dans l'amour. L'amour, tel qu'ils le peignoient, est une maladie, un sort jeté par les dieux, un genre de délire, qui ne suppose aucune qualité morale dans l'objet aimé. Ce que les Grecs entendoient par l'amitié, existoit entre les hommes ; mais ils ne savoient pas, mais leurs mœurs leur interdisoient d'imaginer, qu'on pouvoit rencontrer dans les femmes un être égal par l'esprit, et soumis par l'amour, une compagne de la vie, heureuse de consacrer ses facultés, ses jours, ses sentimens, à compléter une autre existence. La privation absolue d'une telle affection se fait appercevoir, non-seulement dans la peinture de l'amour, mais dans tout ce qui tient à la délicatesse du cœur. Télémaque, en partant pour chercher Ulysse, dit, *que s'il apprend la mort de son père, son premier soin, en revenant, sera de lui élever un tombeau, et de faire prendre à sa mère un second mari*. Les Grecs honoroient les morts; les dogmes de leur religion ordonnoient expressément de veiller sur la pompe des funérailles; mais la mélancolie, les regrets sensibles et durables ne sont point dans leur nature, c'est dans le cœur des femmes qu'habitent les longs souvenirs. J'aurai souvent l'occasion de faire remarquer les changemens qui se sont opérés dans la littérature, à l'époque où les femmes ont commencé à faire partie de la vie morale de l'homme.

Après avoir essayé de montrer quelles

sont les causes premières des beautés originales de la poésie grecque, et des défauts qu'elle devoit avoir dans l'époque la plus reculée de la civilisation, il me reste à examiner, comment le gouvernement et l'esprit national d'Athènes ont influé sur le rapide développement de tous les genres de littérature. On ne sauroit nier, que la législation d'un peuple ne soit toute-puissante sur ses goûts, sur ses talens, et sur ses habitudes, puisque Lacédémone a existé à côté d'Athènes, dans le même siècle, sous le même climat, avec des dogmes religieux à-peu-près semblables, et cependant avec des mœurs si différentes.

Toutes les institutions d'Athènes excitoient l'émulation. Les Athéniens n'ont pas toujours été libres. Mais l'esprit d'encouragement n'a jamais cessé d'exercer parmi eux la plus grande force. Aucune nation ne s'est jamais montrée plus sensible à tous les talens distingués. Ce penchant à l'admiration créoit les chefs-d'œuvre qui la méritent. La Grèce, et dans la Grèce l'Attique, étoit un petit pays civilisé, au milieu du monde encore barbare. Les Grecs étoient peu nombreux, mais l'univers les regardoit. Ils réunissoient le double avantage des petits états et des grands théâtres : l'émulation qui naît de la certitude de se faire connoître au milieu des siens, et celle que doit produire la possibilité d'une gloire sans bornes. Ce qu'ils disoient entr'eux retentissoit dans le monde. Leur population étoit très-circonscrite, et l'esclavage de près de la moitié des habitans restreignoit encore la classe des citoyens. Tout contribuoit à réunir les lumières, à rassembler les talens dans le cercle de concurrens en petit nombre, qui s'excitoient l'un l'autre et se mesuroient sans cesse. La démocratie qui appelle tous les hommes distingués à toutes les places éminentes, portoit les esprits à s'occuper des événemens publics. Néanmoins les Athéniens aimoient et cultivoient les beaux arts, et ne se renfermoient point dans les intérêts politiques de leur pays. Ils vouloient conserver leur premier rang de nation éclairée. La haine, le mépris pour les barbares fortifioient en eux le goût des arts et des belles-lettres. Il vaut mieux pour le genre humain que les lumières soient généralement répandues. Mais l'émulation de ceux qui les possèdent est plus grande lorsqu'elles sont concentrées. La vie des hommes célèbres étoit plus glorieuse chez les anciens, et celle des hommes obscurs plus heureuse chez les modernes.

La passion dominante du peuple d'Athènes, c'étoit l'amusement. On l'a vu décréter la peine de mort, contre quiconque proposeroit de distraire, pour le service militaire même, l'argent consacré aux fêtes publiques. Il n'avoit point, comme les Romains, l'ardeur de conquérir. Il repoussoit les barbares, pour conserver sans mélange ses goûts et ses habitudes. Il aimoit la liberté, comme assurant à tous les genres de plaisirs la plus grande indépendance. Mais il n'avoit pas cette haine profonde de la tyrannie, qu'une certaine dignité de caractère gravoit dans l'ame des Romains. Les Athéniens ne cherchoient point à établir une forte garantie dans leur législation. Ils vouloient seulement alléger tous les jougs, et donner aux chefs de l'état le besoin continuel de captiver les citoyens et de leur plaire.

Ils applaudissoient aux talens avec transport. Ils louoient avec passion les grands hommes : leur loi d'exil, leur ostracisme n'est qu'une preuve de la défiance que leur inspiroit à eux-mêmes leur penchant à l'enthousiasme. Tout ce qui peut ajouter à l'éclat des noms fameux, tout ce qui peut exciter l'ambition de la gloire, cette nation le prodiguoit. Les auteurs tragiques alloient faire des sacrifices sur le tombeau d'Eschyle, avant d'entrer dans la carrière qu'il avoit ouverte le premier. Pindare, Sophocle, la lyre à la main, paroissoient dans les jeux publics, couronnés de lauriers et désignés par les oracles. L'imprimerie, si favorable aux progrès, à la diffusion des lumières, nuit à l'effet de la poésie ; on l'étudie, on l'analyse, tandis que les Grecs la chantoient, et n'en recevoient l'impression qu'au milieu des fêtes, de la musique, et de cette ivresse que les hommes réunis éprouvent les uns par les autres.

On peut attribuer quelques-uns des caractères de la poésie des Grecs au genre de succès que se proposoient leurs poètes. Leurs vers devoient être lus dans les solemnités publiques. La réflexion, la mélancolie, ces jouissances solitaires, ne conviennent point à la foule ; le sang s'anime, la vie s'exalte parmi les hommes rassemblés. Il falloit que les poètes secondassent ce mouvement. La monotonie des hymnes pindariques, cette monotonie si fatigante pour nous, ne l'étoit point dans les fêtes grecques ; de certains airs, qui ont produit de grands effets sur les habitans des pays de montagne, sont composés d'un très-petit nombre de notes. Il en étoit peut-être ainsi des idées, que contenoit la poésie lyrique des Grecs. Les mêmes images, les mêmes sentimens, et sur-tout la même harmonie, excitoient toujours les applaudissemens de la multitude.

L'approbation du peuple grec, s'exprimoit bien plus vivement que les suffrages réfléchis des modernes. Une nation qui encourageoit de tant de manières les talens distingués, devoit faire naître entr'eux de grandes rivalités ; mais ces rivalités servoient à l'avancement des arts. La palme la plus glorieuse excitoit moins de haine, que n'en font naître les témoignages comptés de l'estime rigoureuse qu'on peut obtenir de nos jours. Il étoit permis au génie de se nommer, à la vertu de s'offrir, et tous les hommes qui se croyoient dignes de quelque renommée, pouvoient s'annoncer sans crainte comme les candidats de la gloire. La nation leur savoit gré d'être ambitieux de son estime.

Maintenant la médiocrité toute puissante force les esprits supérieurs à se revêtir de ses couleurs effacées. Il faut se glisser dans la gloire, il faut dérober aux hommes leur admiration à leur insçu. Il importe non-seulement de rassurer par sa modestie, mais il faut même affecter de l'indifférence pour les suffrages, si l'on veut les obtenir. Cette contrainte aigrit quelques esprits, étouffe dans les autres les talens auxquels l'essor et l'abandon sont nécessaires. L'amour-propre persiste, le véritable génie est souvent découragé. L'envie chez les Grecs existoit quelquefois entre les rivaux; elle a passé maintenant chez les spectateurs, et par une singularité bizarre, la masse des hommes est jalouse des efforts que l'on tente pour ajouter à ses plaisirs, ou mériter son approbation.

CHAPITRE II.

Des Tragédies grecques.

C'est sur-tout dans les pièces de théâtre qu'on apperçoit visiblement quelles sont les mœurs, la religion, et les loix du pays où elles ont été composées et représentées avec succès. Il faut, pour être applaudi au théâtre, que l'auteur possède, indépendamment des qualités littéraires, un peu de ce qui constitue le mérite des actions politiques, la connoissance des hommes, de leurs habitudes, et de leurs préjugés.

La douleur et la mort sont les premiers moyens des situations tragiques, et la religion modifie toujours puissamment l'action de la douleur, et la terreur de la mort. Voyons donc quels effets les opinions religieuses des Grecs pouvoient ajouter à leurs tragédies, et quels effets elles leur interdisoient.

La religion des Grecs étoit singulièrement théâtrale ; on raconte qu'une tragédie d'Eschyle, les Euménides, produisit une fois une impression si prodigieuse, que les femmes enceintes ne purent en supporter le spectacle; les terreurs de l'enfer, la puissance de la superstition, bien plus que la beauté de la pièce, agissoient ainsi sur les ames. Le poète disposoit en même temps de la foi religieuse, et des passions humaines. Si l'on transportoit le même sujet, la même tragédie, dans les pays où les croyances sont différentes, rien ne seroit plus différent aussi que l'impression que l'on en recevroit. Nous verrons, en examinant la littérature du Nord, quelles sources d'émotions on peut trouver dans une religion d'un autre caractère ; et je montrerai en parlant de la littérature moderne, comment les idées religieuses du christianisme étant trop abstraites et trop mystiques pour être représentées sur le théâtre, les auteurs dramatiques ont dû s'occuper uniquement d'exciter l'intérêt par l'énergique peinture des passions. Je me borne maintenant à ce qui concerne les Grecs. Quelle impression recevoient-ils par le tableau de la mort et de la douleur? et de quelle manière devoientils peindre les égaremens des passions, d'après leur système religieux et politique ?

Leur religion attribuoit aux dieux une grande puissance sur les remords des coupables. Elle représentoit sous les couleurs les plus effrayantes, les tourmens des criminels. Cette situation mise en scène sous diverses formes, causoit toujours au théâtre un insurmontable effroi. C'est aussi par ce moyen de terreur que les législateurs exerçoient une grande puissance, et que des principes de moralité se maintenoient entre les hommes. L'image de la mort produisoit un effet moins sombre sur les Grecs que sur les modernes. La croyance du paganisme adoucissoit extrêmement la crainte de la mort. Les anciens revêtissoient la vie à venir des images les plus brillantes ; ils avoient matérialisé l'autre monde par des descriptions, par des tableaux, par des récits de tous les genres ; et l'abyme que la nature a mis entre l'existence et la mort étoit, pour ainsi dire, comblé par leur mythologie. Ces opinions pouvoient avoir leur utilité politique ; mais comme l'idée de la mort fait éprouver à l'imagination des modernes une impression plus forte et plus sensible, elle est parmi nous d'un plus grand effet tragique.

Les Grecs étoient beaucoup moins susceptibles de malheur qu'aucun autre peuple de l'antiquité : on trouve parmi eux moins d'exemples de suicide que chez les Romains ; leurs institutions politiques, leur esprit national, les disposoient davantage au plaisir comme au bonheur. En général, il faut attribuer, chez les anciens, l'allégement d'une certaine intensité de douleur, aux superstitions du paganisme. Les songes, les pressentimens, les oracles, tout ce qui jette dans la vie de l'extraordinaire, de l'inattendu, ne permet pas de croire au malheur irrévocable. Les situations les plus funestes ne paroissent jamais sans ressources ; on se flatte toujours d'un prodige. Le calcul des probabilités morales peut souvent présenter un résultat inflexible, tandis que lorsqu'on croit au surnaturel, l'impossible n'existe pas : ainsi l'espoir n'est jamais totalement détruit. Ce découragement profond dans lequel tombe l'infortuné, cet abattement si douloureusement exprimé par

Shakespear, les Grecs ne pouvoient le peindre, ils ne l'éprouvoient pas. Les hommes célèbres étoient exposés à la persécution ; mais jamais à l'isolement ni à l'oubli. Les grandes infortunes étonnoient encore l'espèce humaine ; on leur supposoit une cause miraculeuse ; on les entouroit de rêves mythologiques. La vie étoit soutenue de toutes parts.

La religion des Grecs n'étant pour nous que de la poésie, jamais leurs tragédies ne nous feront éprouver une émotion égale à celles qu'ils ressentoient en les écoutant. Les auteurs grecs comptoient sur un certain nombre d'effets tragiques qui tenoient à la crédulité de leurs spectateurs ; et ils pouvoient suppléer par les terreurs religieuses à quelques émotions naturelles.

Tout, chez les Grecs, a le charme et l'avantage de la jeunesse : la douleur elle-même, si l'on peut le dire, y est encore dans sa nouveauté, conservant l'espérance, et rencontrant toujours la pitié. Les spectateurs étoient si facilement émus, prenoient un si vif intérêt à la souffrance, que cette certitude mettoit le poète en confiance avec ses auditeurs ; il ne redoutoit pas (ce qu'on doit craindre de nos jours jusques dans les fictions) d'importuner par la plainte, comme si l'infortune, dans les tableaux d'imagination, pouvoit encore fatiguer l'égoïsme.

Le malheur chez les Grecs se montroit auguste; il offroit aux peintres de nobles attitudes, aux poëtes des images imposantes ; il donnoit aux idées religieuses une solemnité nouvelle; mais l'attendrissement que causent les tragédies modernes est mille fois plus profond. Ce qu'on représente de nos jours, ce n'est plus seulement la douleur offrant aux regards un majestueux spectacle, c'est la douleur dans ses impressions solitaires, sans appui comme sans espoir ; c'est la douleur telle que la nature et la société l'*ont faite*.

Les Grecs n'exigeoient point comme nous le jeu des situations, le contraste des caractères ; leurs tragiques ne faisoient point ressortir les beautés par l'opposition des ombres. Leur art dramatique ressembloit à leur peinture, où les plus vives couleurs, où tous les objets sont placés sur le même plan, sans que les loix de la perspective y soient observées.

Les tragiques grecs, fondant la plupart de leurs pièces sur l'action continuelle de la volonté des dieux, étoient dispensés d'un certain genre de vraisemblance, qui est la gradation des événemens naturels; ils produisoient de grands effets, sans les avoir amenés par des nuances progressives; l'esprit étant toujours préparé à la crainte par la religion, à l'extraordinaire par la foi, les Grecs n'étoient point astreints aux plus grandes difficultés de l'art dramatique; ils ne dessinoient point les caractères avec cette vérité philosophique, exigée dans les temps modernes. Le contraste des vices et des vertus, les combats intérieurs, le mélange et l'opposition des sentimens qu'il faut peindre pour intéresser le cœur humain, étoient à peine indiqués. Il suffisoit aux Grecs d'un oracle des dieux pour tout expliquer.

Oreste tuoit sa mère; Electre l'y encourageoit sans un moment d'incertitude ni de regrets; les remords d'Oreste après la mort de Clytemnestre ne sont point préparés par les combats qu'il devoit éprouver avant de la tuer; l'oracle d'Apollon avoit commandé le meurtre; alors qu'il est commis, les Euménides se saisissent du coupable; à peine apperçoit-on les sentimens de l'homme à travers ses actions. C'est dans les chœurs que sont reléguées les réflexions, les incertitudes, les délibérations et les craintes; les héros agissent toujours par l'ordre des dieux.

Racine, en imitant les Grecs dans quelques-unes de ses pièces, explique par des raisons tirées des passions humaines, les forfaits commandés par les dieux; il place un développement moral à côté de la puissance du fatalisme; dans un pays où l'on ne croit point à la religion des païens, un tel développement est nécessaire; mais chez les Grecs, l'effet tragique étoit d'autant plus terrible, qu'il avoit pour fondement une cause surnaturelle. La foi que les Grecs avoient à de telles causes, donnoit nécessairement moins d'indépendance et de variété aux affections de l'ame.

Il existoit un dogme religieux pour décider de chaque sentiment, comme une divinité pour personnifier chaque arbre, cha que fontaine. On ne pouvoit refuser la pitié à qui se présentoit avec une branche d'olivier, ornée de bandelettes, ou tenoit embrassé l'autel des dieux. Tel est le sujet unique de la tragédie des Suppliantes : de semblables croyances donnent une élégance poétique à toutes les actions de la vie ; mais elles bannissent habituellement ce qu'il y a d'irrégulier, d'imprévu, d'irrésistible dans les mouvemens du cœur (1).

L'amour est chez les Grecs, comme toutes les autres passions violentes, un simple effet de la fatalité. Dans les tragédies, comme dans les poëmes, on est sans cesse frappé de ce qui manquoit aux affections du cœur, lorsque les femmes n'étoient point appelées à sentir ni à juger. Alceste donne sa vie pour Admète ; mais avant de s'y résoudre, que ne lui fait pas dire Euripide pour engager le

---

(1) Il arrive quelquefois que les dogmes mythologiques ajoutent, dans les ouvrages des anciens, à l'effet des situations touchantes ; mais plus souvent aussi la puissance de ces dogmes dispense du besoin de convaincre, de remonter à la source des émotions de l'ame ; et les passions humaines ne sont plus alors ni développées, ni approfondies.

père d'Admète à se dévouer à sa place ? Les Grecs peignoient une action généreuse; mais ils ne savoient pas quelles jouissances on peut trouver à braver la mort pour ce qu'on aime, quelle jalousie on peut attacher à n'avoir point de rivaux dans ce sacrifice passionné. On dit, avec raison, qu'on ne pourroit pas mettre sur le théâtre français la plupart des pièces grecques, exactement traduites : ce ne sont point quelques négligences de l'art qui empêcheroient d'applaudir à tant de beautés originales ; mais on auroit de la peine à supporter maintenant, un certain manque de délicatesse dans les expressions sensibles. En étudiant les deux Phèdres, il est sur-tout facile de se convaincre de cette vérité.

Racine a risqué sur le théâtre français un amour dans le genre grec; un amour qu'il faut attribuer à la vengeance des dieux. Mais combien on voit néanmoins dans le même sujet la différence des siècles et des mœurs ! Euripide auroit pu faire dire à Phèdre :

> Ce n'est plus une ardeur dans mes veines cachée ;
> C'est Vénus toute entière à sa proie attachée.

Mais jamais un Grec n'auroit trouvé ce vers :

<blockquote>Ils ne se verront plus ; —
Ils s'aimeront toujours.</blockquote>

Les tragédies grecques sont donc, je le crois, très-inférieures à nos tragédies modernes, parce que le talent dramatique ne se compose pas seulement de l'art de la poésie, mais consiste aussi dans la profonde connoissance des passions ; et sous ce rapport la tragédie a dû suivre les progrès de l'esprit humain.

Les Grecs n'en sont pas moins admirables dans cette carrière comme dans toutes les autres, quand on compare leurs succès à l'époque du monde dans laquelle ils ont vécu. Ils ont transporté sur leur théâtre tout ce qu'il y avoit de beau dans l'imagination des poètes, dans les caractères antiques, dans le culte du paganisme ; et le siècle de Périclès étant beaucoup plus avancé en philosophie que le siècle d'Homère, les pièces de théâtre ont aussi dans ce genre acquis plus de profondeur.

On peut remarquer un perfectionnement sensible dans les trois tragiques, Eschyle,

Sophocle et Euripide; il y a même trop de distance entre Eschyle et les deux autres, pour expliquer seulement cette supériorité par la marche naturelle de l'esprit dans un si court espace de temps ; mais Eschyle n'avoit vu que la prospérité d'Athènes : Sophocle et Euripide ont été témoins de ses revers; leur génie dramatique s'en est accru: le malheur a aussi sa fécondité.

Eschyle ne présente aucun résultat moral : il n'unit presque jamais par des réflexions la douleur physique (1) à la douleur de l'ame. Un cri de souffrance, une plainte sans développement, sans souvenir, sans prévoyance, exprime les impressions du moment, montre quel étoit l'état de l'ame avant que la réflexion eût placé au-dedans de nous-mêmes un témoin de nos mouvemens intérieurs.

Sophocle met souvent des maximes philosophiques dans les paroles des chœurs. Euripide prodigue ces maximes dans les discours de ses personnages, sans qu'elles soient toujours parfaitement liées à la situa-

----

(1) *Voyez* Prométhée.

tion et au caractère. On voit dans ces trois auteurs et leur talent personnel, et le développement de leur siècle ; mais aucun d'eux n'atteint à la peinture déchirante et mélancolique que les tragiques anglais, que les écrivains modernes nous ont donnée de la douleur ; aucun d'eux ne présente une philosophie sensible, aussi profondément analogue aux souffrances de l'ame. Le genre humain, en vieillissant, devient moins accessible à la pitié ; il a donc fallu creuser plus avant pour retrouver la source de l'émotion ; et le malheur isolé a eu besoin de recourir à une force intérieure plus agissante.

Les récompenses sans nombre qu'on accordoit au génie dramatique parmi les Grecs encourageoient sous beaucoup de rapports les progrès de l'art; mais les délices mêmes de la louange nuisoient, à quelques égards, au talent tragique. Le poète étoit trop satisfait, trop exalté, pour donner au malheur une expression profondément mélancolique. Dans les tragédies modernes, on apperçoit presque toujours, par le caractère du style, que l'auteur lui-même a éprouvé quelques-unes des douleurs qu'il représente.

Le goût des Grecs, dans les tragédies, est souvent remarquable par sa pureté. Comme ils étoient les premiers, comme ils ne pouvoient être imitateurs, ils ont dû commencer par les défauts de la simplicité, plutôt que par ceux de la recherche. Toutes les littératures modernes ont essayé d'abord de faire mieux, ou du moins autrement que les anciens. Les Grecs ayant la nature seule pour modèle, ont eu quelquefois de la grossièreté, mais jamais d'affectation. Aucun de leurs efforts n'étoit perdu; ils étoient dans la véritable route.

On peut quelquefois reprocher aux tragiques grecs la longueur des récits et des discours qu'ils mettoient sur la scène; mais les spectateurs n'avoient pas encore appris à s'ennuyer ; et les auteurs ne resserrent leurs moyens d'effet, que lorsqu'ils redoutent la prompte lassitude des spectateurs. L'esprit philosophique rend plus sévère sur l'emploi du temps ; et loin que les peuples à imagination exigent de la rapidité dans les tableaux qu'on leur présente, ils se plaisent dans les détails, et se fatigueroient bien plutôt des abrégés.

Les Grecs font aussi, relativement à nous, beaucoup de fautes dans leur manière de parler des femmes. Ils faisoient représenter leurs rôles dans les tragédies par des hommes, et ne concevoient pas le charme que les modernes attachent à l'idée d'une femme. Ce petit nombre de critiques excepté, l'on doit reconnoître que les Grecs ont dans leurs tragédies un goût parfait, une régularité remarquable. Ce peuple, si orageux dans ses discussions politiques, avoit dans tous les arts (excepté dans la comédie) un esprit sage et modéré. C'est à leur religion qu'il faut sur-tout attribuer leur fixité dans les principes du genre noble et simple.

Le peuple d'Athènes n'exigeoit point qu'on mêlât, comme en Angleterre, les scènes grotesques de la vie commune aux situations héroïques. On représentoit les tragédies grecques dans les fêtes consacrées aux dieux ; elles étoient presque toutes fondées sur des dogmes religieux. Un respect pieux écartoit de ces chefs-d'œuvre, comme d'un temple, tout rôle ignoble ou toute image grossière. Les héros que peignoient les auteurs dramatiques, n'avoient point cette grandeur soutenue que leur a donnée Racine ; mais ce n'étoit point à une condescendance populaire qu'il faut attribuer cette différence ; tous les poètes ont peint ainsi les caractères, avant que de certaines habitudes monarchiques et chevaleresques nous eussent donné l'idée d'une nature de convention.

La plupart des personnages mis en action dans les pièces grecques, sont tirés de l'Iliade ou de l'histoire héroïque de la même époque. L'idée forte qu'Homère avoit donnée de ses héros, a beaucoup servi les auteurs tragiques. Les seuls noms d'Ajax, d'Achille, d'Agamemnon, produisoient d'abord une émotion de souvenir. Leur destinée étoit pour les Grecs un sujet national ; le poète dramatique, en les représentant, n'avoit qu'à développer les idées reçues : il n'étoit point obligé de créer à la fois le caractère et la situation, le respect et l'intérêt existoient d'avance en faveur des hommes qu'il vouloit peindre. Les modernes eux-mêmes ont profité de l'auguste célébrité des personnages tragiques de l'antiquité. Nos situations tragiques les plus belles et les plus simples sont tirées du grec. Ce n'est pas que les Grecs soient supérieurs aux modernes, c'est qu'ils ont peint les premiers ces affections dominantes, dont les principaux traits doivent toujours rester les mêmes.

Les caractères tragiques de l'amour maternel ont tous une analogie quelconque avec la douleur de Clytemnestre, et le dévouement filial doit toujours rappeler Antigone (1). Enfin il existe dans la nature morale, comme dans la lumière du soleil, un certain nombre de rayons qui produisent des couleurs tranchantes ou distinctes : vous variez ces couleurs par leur mélange, mais vous n'en pouvez créer une entièrement nouvelle.

Les trois tragiques grecs ont tous traité les mêmes sujets ; ils n'en ont point inventé

---

(1) De ce que les événemens les plus forts et les plus malheureux de la vie ont été peints par les Grecs, il ne s'ensuit pas qu'ils aient égalé les modernes dans la délicatesse et la profondeur des sentimens et des idées que ces situations peuvent inspirer.

de nouveaux ; les spectateurs n'en avoient nullement le desir ; les auteurs n'y songeoient pas, et ils n'y auroient peut-être pas réussi. Les conceptions heureuses d'événemens extraordinaires sont beaucoup plus l'ouvrage des traditions que des poètes. La chaîne de raisonnemens conduit à des découvertes en philosophie, mais la première idée de l'invention des faits poétiques est presque toujours l'effet du hasard. L'histoire, les mœurs, les contes populaires même aident l'imagination des écrivains. Sophocle n'eut point trouvé dans sa tête le sujet de Tancrède, ni Voltaire celui d'Œdipe. On ne découvre point de nouvelles fables merveilleuses, lorsque la crédulité du vulgaire ne s'y prête plus. On le voudroit en vain ; l'esprit s'y refuseroit toujours.

L'importance donnée aux chœurs, qui sont censés représenter le peuple, est presque la seule trace de l'esprit républicain qu'on puisse remarquer dans les tragédies grecques. Les comédies rappellent souvent l'état politique de la nation ; mais, dans les tragédies, on peignoit sans cesse les malheurs des rois (1), on intéressoit à leur sort. L'illusion de la royauté subsistoit chez les Athéniens, quoiqu'ils aimassent leur gouvernement républicain. Cet enthousiasme de liberté qui caractérise les Romains, il ne paroît pas que les Grecs l'éprouvassent avec la même énergie : ils avoient eu beaucoup moins d'efforts à faire pour conquérir leur liberté ; ils n'avoient point expulsé du trône, comme les Romains, une race de rois cruels, propre à leur inspirer l'horreur de tout ce qui pouvoit en rappeler le souvenir. L'amour de la liberté étoit pour les Grecs une habitude, une manière d'être, et non une passion dominante dont ils eussent besoin de retrouver par-tout l'expression.

Les Athéniens aimoient leurs institutions

---

(1) Barthélemy, dans son célèbre Voyage du jeune Anacharsis, dit que c'étoit pour fortifier l'esprit républicain que les Athéniens faisoient représenter les revers des rois sur leur théâtre. Je ne crois point que rappeler sans cesse les infortunes des rois, fût un moyen d'anéantir l'amour de la royauté. Les grands désastres sont dramatiques ; ils ébranlent fortement l'imagination : or ce n'est pas ainsi qu'on détruit un préjugé, quel qu'il soit.

et leur pays, mais ce n'étoit pas, comme les Romains, par un sentiment exclusif. On ne trouve dans leurs tragédies qu'un trait caractéristique de la démocratie ; ce sont les réflexions que les principaux personnages, que les chœurs répètent sans cesse, sur la rapidité des revers de la destinée et sur l'inconstance de la fortune. Les révolutions subites et fréquentes du gouvernement populaire, ramènent souvent à ce genre d'observations philosophiques. Racine n'a point imité les Grecs à cet égard. Sous l'empire d'un monarque tel que Louis XIV, sa volonté devoit remplacer le sort, et l'on n'osoit lui supposer des caprices ; mais dans un pays où le peuple domine, ce qui frappe le plus les esprits, ce sont les bouleversemens qui s'opèrent dans les destinées ; c'est la chute rapide et terrible, du faîte de la grandeur dans l'abîme de l'adversité.

Les auteurs tragiques cherchent toujours à ranimer les impressions que la nation qui les écoute a souvent éprouvées. En effet, les souvenirs sont toujours de quelque chose dans l'attendrissement ; et loin qu'il soit nécessaire, dans les sentimens comme dans les pensées, de captiver l'attention par des rapports nouveaux quand on veut faire couler des larmes, c'est le passé qu'il faut rappeler.

CHAPITRE III.

De la Comédie grecque.

Les tragédies (si l'on en excepte quelques chefs-d'œuvre) exigent moins de connoissance du cœur humain que les comédies, et l'imagination suffit pour peindre ce qui s'offre naturellement aux regards, l'expression de la douleur. Les caractères tragiques doivent avoir entr'eux une certaine ressemblance qui exclut la finesse des observations ; et les modèles de l'histoire héroïque tracent d'avance la route qu'il faut suivre. Mais cette délicatesse de goût, cette philosophie supérieure, que Molière a montrée dans ses comédies, il faut des siècles pour y amener l'esprit humain ; et quand un génie égal à celui de Molière eût vécu dans Athènes, il n'auroit pu deviner la bonne comédie.

On se demande cependant avec étonnement, en lisant les comédies d'Aristophane, comment il se peut qu'on ait applaudi de semblables pièces dans le siècle de Périclès, comment il se peut que les Grecs aient montré tant de goût dans les beaux arts, et une grossièrcté si rebutante dans les plaisanteries. C'est qu'ils avoient le bon goût qui appartient à l'imagination, et non celui qui naît de la moralité des sentimens. Les belles formes en tout genre plaisoient à leurs yeux; mais leur ame n'étoit point avertie par une scrupuleuse délicatesse des égards qu'on doit ménager. Ils éprouvoient beaucoup plus d'enthousiasme que de respect pour les grands caractères. Le malheur, la puissance, la religion, le génie, tout ce qui frappoit l'imagination des Athéniens excitoit en eux une sorte de fanatisme; mais cette impression se détruisoit avec la même facilité, dès qu'on en substituoit une autre également vive. Les effets graduels et nuancés ne conviennent guère aux mœurs démocratiques; et comme c'étoit toujours du peuple qu'il falloit se faire entendre et se faire applaudir, on se livroit pour l'amuser aux contrastes saillans qui frappent aisément tous les hommes.

La tragédie se ressentoit moins de ce desir

de plaire à la multitude ; elle faisoit partie, comme je l'ai déjà dit, d'une fête religieuse. D'ailleurs ce ne sont ni les goûts ni les lumières du peuple, qu'il faut consulter pour l'attendrir ; l'émotion de la pitié parvient à tous les cœurs par la même route. C'est à l'homme que vous vous adressez dans la tragédie ; mais c'est une telle époque, c'est un tel peuple, ce sont de telles mœurs, qu'il faut connoître pour obtenir dans la comédie un succès populaire : les pleurs sont pris dans la nature, et la plaisanterie dans les habitudes.

Les principes de la moralité servent communément de règles de goût aux dernières classes de la société, et ces principes suffisent souvent pour les éclairer, même en littérature. Le peuple athénien n'avoit point cette moralité délicate qui peut suppléer au tact le plus fin de l'esprit ; il se livroit aux superstitions religieuses : mais il n'avoit point d'idées fixes sur la vertu, et ne reconnoissoit aucun principe, aucune borne, aucune pudeur dans les objets de ses amusemens.

L'exclusion des femmes empêchoit aussi

que les Grecs ne se perfectionnassent dans la comédie. Les auteurs n'ayant aucun motif pour rien ménager, rien voiler, rien sous-entendre, la grace et la finesse devoient nécessairement manquer à leur gaîté. Ces masques, ces porte-voix, toutes ces bizarres coutumes du théâtre des anciens disposoient l'esprit, comme les caricatures dans le dessin, à l'invention grotesque, et non à l'étude de la nature.

Aristophane saisissoit quelques plaisanteries populaires; il présentoit quelques contrastes d'une invention commune et d'une expression grossière; mais ce n'est jamais par la peinture des caractères, ni par la vérité des situations, que les ridicules des hommes et les travers de la société ressortent dans ses pièces.

La plupart des comédies d'Aristophane étoient relatives aux événemens de son temps. On n'avoit point encore imaginé de soutenir la curiosité par une intrigue romanesque; l'intérêt des aventures particulières dépend absolument du rôle que jouent les femmes dans un pays. L'art comique, tel qu'il étoit du temps des Grecs, ne pouvoit se passer d'allusions : on n'avoit pas assez approfondi le cœur humain dans ses passions secrètes, pour intéresser seulement en les peignant ; mais il étoit très-aisé de plaire au peuple, en tournant ses chefs en dérision.

La comédie de circonstance réussit si facilement, qu'elle ne peut obtenir aucune réputation durable. Ces portraits des hommes vivans, ces épigrammes sur les faits contemporains, sont des plaisanteries de famille et des succès d'un jour, qui doivent ennuyer les nations et les siècles ; le mérite de tels ouvrages peut disparoître même d'une année à l'autre. Si votre mémoire ne se retrace pas le sujet des allusions, votre esprit ne vous suffit pas pour comprendre la gaîté de ces écrits ; et s'il faut réfléchir à une plaisanterie pour en découvrir le sens, tout son effet est manqué.

Le spectateur entre tout-à-fait dans l'illusion de la tragédie ; il s'intéresse assez au héros de la pièce, pour comprendre des mœurs étrangères, pour se transporter dans des pays entièrement nouveaux. L'émotion fait tout adopter et tout concevoir ; mais à la comédie l'imagination du spectateur est tranquille; elle ne prête point son secours à l'auteur : l'impression de la gaîté est tellement légère et spontanée, que le plus foible effort, que la plus foible distraction pourroit en détourner.

Aristophane n'a composé que des pièces de circonstance, parce que les Grecs étoient extrêmement loin de la profondeur philosophique, qui permet de concevoir une comédie de caractère, une comédie qui intéresse l'homme de tous les pays et de tous les temps. Les comédies de Ménandre et les caractères de Théophraste ont fait faire des progrès, l'un dans la décence théâtrale, l'autre dans l'observation du cœur humain, parce que ces deux écrivains avoient sur Aristophane l'avantage d'un siècle de plus; mais, en général, les auteurs se laissent aisément séduire dans les démocraties, par l'irrésistible attrait des applaudissemens populaires. C'est un écueil pour les pièces de théâtre des peuples libres, que les succès qu'on obtient, en mettant en scène des allusions aux affaires publiques. Je ne sais si de telles comédies sont un signe de liberté; mais elles sont nécessairement la perte de l'art dramatique.

Le peuple d'Athènes, comme je l'ai déjà dit, étoit extrêmement susceptible d'enthousiasme; mais il n'en aimoit pas moins la satyre qui insultoit aux hommes supérieurs. Les comédies d'Athènes servoient, comme les journaux de France, au nivellement démocratique, avec cette différence, que la représentation d'une comédie, remplie de personnalités contre un homme vivant, est un genre d'attaque, auquel de nos jours aucun nom considéré ne pourroit résister. Nous nous livrons trop peu à l'admiration, pour n'avoir pas tout à craindre de la calomnie; les amis, en France, abandonnent trop facilement, pour qu'il ne soit pas nécessaire de mettre une borne à la violence des ennemis. A Athènes on pouvoit se faire connoître, et se justifier sur la place publique au milieu de la nation entière; mais, dans nos associations nombreuses, on ne pourroit opposer que la lumière lente des écrits au ridicule animé du théâtre. Aucune réputation, aucune autorité politique ne sauroit soutenir cette lutte inégale.

La république d'Athènes elle-même a dû son asservissement à cet abus du genre comique, à ce goût désordonné pour les plaisanteries, qu'excitoit chaque jour le besoin de s'amuser. La comédie des Nuées prépara les esprits à l'accusation de Socrate. Démosthène, dans le siècle suivant, ne put arracher les Athéniens à leurs spectacles, à leurs occupations frivoles, pour les occuper de Philippe. Ce qu'on avoit toujours craint pour la république, c'étoit le trop grand ascendant que pourroit prendre sur elle un de ses grands hommes; ce qui la fit périr, ce fut son indifférence pour tous.

Après avoir sacrifié leur gloire pour conserver leurs amusemens, les Athéniens se virent enlever jusqu'à leur indépendance, et avec elle les plaisirs même qu'ils avoient préférés à la défense de leur liberté.

CHAPITRE IV.

De la Philosophie et de l'Eloquence des Grecs.

La philosophie et l'éloquence étoient souvent réunies chez les Athéniens. Les systêmes métaphysiques et politiques de Platon ont bien moins contribué à sa gloire, que la beauté de son langage et la noblesse de son style. Les philosophes grecs sont, pour la plupart, des orateurs éloquens sur des idées abstraites. Je dois cependant considérer d'abord la philosophie des Grecs séparément de leur éloquence : mon but est d'observer les progrès de l'esprit humain, et la philosophie peut seule les indiquer avec certitude.

L'éloquence, soit par ses rapports avec la poésie, soit par l'intérêt des discussions politiques dans un pays libre, avoit atteint chez les Grecs un degré de perfection, qui sert encore de modèle; mais la philosophie des Grecs me paroît fort au-dessous de celle de leurs imitateurs, les Romains, et la philosophie moderne a cependant sur celle des Romains, la supériorité que doivent assurer à la pensée de l'homme deux mille ans de méditation de plus.

Les Grecs se sont perfectionnés eux-mêmes, d'une manière très-remarquable, pendant le cours de trois siècles. Dans le dernier, celui d'Alexandre, Ménandre, Théophraste, Euclide, Aristote, marquent sensiblement les pas faits dans divers genres. L'une des principales causes finales des grands événemens qui nous sont connus, c'est la civilisation du monde. Je développerai ailleurs cette assertion ; ce qu'il m'importe d'observer maintenant, c'est combien les Grecs étoient propres à répandre les lumières, combien ils excitoient aux travaux nécessaires pour les acquérir. Les philosophes instituoient des sectes, moyen aussi utile alors qu'il seroit nuisible maintenant. Ils environnoient la recherche de la vérité de tout ce qui pouvoit frapper l'imagination ; ces promenades où de jeunes disciples se réunissoient autour de leur maître, pour écouter de nobles pensées en présence d'un beau ciel; cette langue harmonieuse qui exaltoit l'ame par les sens avant même que les idées eussent agi sur elle ; le mystère qu'on apportoit à Eleusis dans la découverte, dans la communication de certains principes de morale, toutes ces choses ajoutoient à l'effet des leçons des philosophes. A l'aide du merveilleux mythologique, on faisoit adopter des vérités à l'univers dans son enfance. L'on enflammoit de mille manières le goût de l'étude; et les éloges flatteurs qu'obtenoient les disciples de la philosophie, en augmentoient encore le nombre.

Ce qui contribue à nous donner une idée prodigieuse des anciens, ce sont les grands effets produits par leurs ouvrages ; ce n'est pas néanmoins d'après cette règle qu'il faut les juger. Le petit nombre d'hommes éclairés qu'offroit la Grèce à l'admiration du reste du monde, la difficulté des voyages, l'ignorance où l'on étoit de la plupart des faits recueillis par les écrivains, la rareté de leurs manuscrits, tout contribuoit à inspirer la plus vive curiosité pour les ouvrages célèbres. Les témoignages multipliés de cet intérêt général excitoient les philosophes à franchir les grandes difficultés que présentoit l'étude, avant que la méthode et la généralisation en eussent abrégé la route. La gloire moderne n'eût pas suffi pour récompenser de tels efforts ; il ne falloit pas moins que la gloire antique, pour donner la force de soulever de si grands obstacles. Les anciens philosophes ont obtenu, dans leur temps, une réputation beaucoup plus éclatante que celle des modernes ; mais il n'est pas moins vrai que les modernes, dans la métaphysique, la morale et les sciences, sont infiniment supérieurs aux anciens.

Les philosophes de l'antiquité ont combattu quelques erreurs ; mais ils en ont adopté un grand nombre. Lorsque les croyances les plus absurdes sont établies généralement, les écrivains qui en appellent aux lumières de la raison, ne peuvent jamais se dégager entièrement des préjugés qui les environnent. Quelquefois ils mettent une erreur à la place de celle qu'ils combattent ; d'autres fois ils conservent une superstition qui leur est propre, en attaquant les dogmes reçus. Les paroles fortuites paroissoient redoutables à Pythagore. Socrate et Platon croyoient aux démons familiers. Cicéron a craint les présages tirés des songes. Dès qu'un revers, une peine quelconque s'appesantit sur l'ame, il est impossible qu'elle repousse absolument toutes les superstitions de son siècle : l'appui qu'on trouve en soi ne suffit pas ; on ne se croit protégé que par ce qui est au-dehors de nous. En s'étudiant soi-même, l'on verra que, dans toutes les douleurs de la vie, on est porté à croire les autres plus que ses propres réflexions, à chercher les motifs de ses craintes et de ses espérances ailleurs que dans sa raison. Un génie supérieur, quel qu'il soit, ne peut s'affranchir à lui seul de ce besoin du surnaturel, inhérent à l'homme : il faut que la nation fasse corps avec le philosophe contre de certaines terreurs, pour qu'il soit possible à ce philosophe de les attaquer toutes.

Les Grecs se sont livrés avec folie à la recherche des différens systèmes du monde. Moins ils étoient avancés dans la carrière des sciences, moins ils reconnoissoient les bornes de l'esprit humain. Les philosophes se plaisoient sur-tout dans l'inconnu et l'inexplicable. Pythagore disoit qu'*il n'y avoit de réel que ce qui étoit spirituel ; que le matériel n'existoit pas.* Platon, cet écrivain si brillant d'imagination, revient sans cesse à une métaphysique bizarre du monde, de l'homme et de l'amour, où les loix physiques de l'univers et la vérité des sentimens ne sont jamais observées. La métaphysique qui n'a ni les faits pour base, ni la méthode pour guide, est ce qu'on peut étudier de plus fatigant ; et je crois impossible de ne pas le sentir, en lisant les écrits philosophiques des Grecs, quel que soit le charme de leur langage.

Les anciens sont plus forts en morale qu'en métaphysique ; l'étude des sciences exactes est nécessaire pour rectifier la métaphysique, tandis que la nature a placé dans le cœur de l'homme tout ce qui peut le conduire à la vertu. Cependant rien n'est moins arrêté, rien n'a moins d'ensemble que le code de morale des anciens. Pythagore paroît attacher la même importance à des proverbes, à des conseils de prudence et d'habileté, qu'aux préceptes de la vertu. Plusieurs des philosophes grecs confondent de même les rangs dans la morale ; ils placent l'amour de l'étude sur la même ligne que l'accomplissement des premiers devoirs. L'enthousiasme pour les facultés de l'esprit l'emporte en eux sur tout autre genre d'estime : ils excitent l'homme à se faire admirer ; mais ils ne portent point un regard inquiet ou pénétrant dans les peines intérieures de l'ame.

Je ne crois pas que le mot de bonheur soit une fois prononcé dans les écrits des Grecs, selon l'acception moderne. Ils ne mettoient pas une grande importance aux vertus particulières. La politique étoit chez eux une branche de la morale ; ils méditoient sur l'homme en société ; ils ne le jugeoient presque jamais que dans ses rapports avec ses concitoyens ; et comme les états libres étoient composés en général d'une population fort peu nombreuse, que les femmes n'étoient de rien dans la vie (1), toute l'existence de l'homme consistoit dans

---

(1) On ne trouve pas un seul portrait de femme dans les caractères de Théophraste ; leur nom n'y est jamais prononcé comme celui d'un être faisant partie des intérêts de la société. On m'a objecté l'éclat du

les relations sociales : c'étoit au perfectionnement de cette existence politique que les études des philosophes s'attachoient exclusivement. Platon, dans sa République, propose comme un moyen d'accroître le bonheur de la race humaine, la destruction de l'amour conjugal et paternel, par la communauté des femmes et des enfans. Le gouvernement monarchique et l'étendue des empires modernes ont détaché la plupart des hommes de l'intérêt des affaires publiques : ils se sont concentrés dans leurs familles, et le bonheur n'y a pas perdu ; mais tout excitoit les anciens à suivre la carrière politique, et leur morale avoit pour premier objet de les y encourager. Ce qu'il y a de vraiment beau dans leur doctrine n'est point contraire à cette assertion. S'il est utile, dans toutes les situations, d'exercer un grand empire sur soi-même, c'est surtout aux hommes d'état que cette puissance est nécessaire.

---

nom d'Aspasie. Est-ce la destinée d'une courtisane qui peut prouver le rang que les loix et les mœurs accordent aux femmes dans un pays ?

Combien cette morale, qui consiste toute entière dans le calme, la force d'ame et l'enthousiasme de la sagesse, est admirablement peinte dans l'apologie de Socrate et dans le Phédon ! Si l'on pouvoit faire entrer dans son ame cet ordre d'idées, il semble que l'on seroit invinciblement armé contre les hommes. Les anciens prenoient souvent leur point d'appui dans des erreurs, souvent dans des idées factices; mais enfin ils se sacrifioient eux-mêmes à ce qu'ils reconnoissoient pour la vertu; et ce qui nous manque aujourd'hui, c'est un levier pour soulever l'égoïsme : toutes les forces morales de chaque homme se trouvent concentrées dans l'intérêt personnel.

Les philosophes grecs étoient en très-petit nombre, et des travaux antérieurs à leur siècle ne leur offroient point de secours; il falloit qu'ils fussent universels dans leurs études. Ils ne pouvoient donc aller loin dans aucun genre; il leur manquoit ce qu'on ne peut devoir qu'aux sciences exactes, la méthode, c'est-à-dire l'art de résumer. Platon n'auroit pu rassembler dans sa mémoire ce qu'à l'aide de cette méthode, les jeunes gens retiennent sans peine aujourd'hui; et les erreurs s'introduisoient beaucoup plus facilement avant qu'on eût adopté dans le raisonnement l'enchaînement mathématique.

Socrate lui-même, dans les dialogues de Platon, emprunte, pour combattre les sophistes, quelques-uns de leurs défauts; ce sont des longueurs, des développemens, qui ne seroient pas maintenant tolérés. On doit recourir aux anciens pour le goût simple et pur des beaux arts; on doit admirer leur énergie, leur enthousiasme pour tout ce qui est grand, sentimens jeunes et forts des premiers peuples civilisés; mais il faut considérer tous leurs raisonnemens en philosophie, comme l'échafaudage de l'édifice que l'esprit humain doit élever.

Aristote cependant, qui vécut dans le troisième siècle grec, par conséquent dans le siècle supérieur pour la pensée aux deux précédens, Aristote a mis l'esprit d'observation à la place de l'esprit de systême; et cette différence suffit pour assurer sa gloire. Ce qu'il écrit en littérature, en physique, en métaphysique, est l'analyse des idées de son temps. Historien du progrès des connoissances à cette époque, il les rédige, il les place dans l'ordre dans lequel il les conçoit. C'est un homme admirable pour son siècle ; mais c'est vouloir forcer les hommes à marcher en arrière, que de chercher dans l'antiquité toutes les vérités philosophiques ; c'est porter l'esprit de découverte sur le passé, tandis que le présent le réclame. Les anciens, et sur-tout Aristote, ont été presque aussi forts que les modernes sur de certaines parties de la politique ; mais cette exception à l'invariable loi de la progression, tient uniquement à la liberté républicaine dont les Grecs ont joui, et que les modernes n'ont pas connue.

Aristote est dans l'ignorance la plus complette sur toutes les questions générales que l'histoire de son temps n'a point éclaircies ; il ne suppose pas l'existence du droit naturel pour les esclaves. Antagoniste de Platon sur plusieurs autres sujets, il n'imagine pas que l'esclavage puisse être un objet de discussion ; et, dans le même ouvrage, il traite les causes des révolutions et les principes du gouvernement avec une supériorité rare, parce que l'exemple des républiques grecques lui avoit fourni la plupart de ses idées. Si le régime républicain n'avoit pas cessé d'exister depuis Aristote, les modernes lui seroient aussi supérieurs dans la connoissance de l'art social que dans toute autre étude intellectuelle. Il faut que la pensée soit avertie par les événemens; c'est ainsi qu'en examinant les travaux de l'esprit humain, on voit constamment les circonstances ou le temps donner le fil qui sert de guide au génie. Le penseur sait tirer des conséquences d'une idée principale; mais le premier mot de toutes choses, c'est le hasard, et non la réflexion, qui le fait découvrir à l'homme.

Le style des historiens grecs est remarquable par l'art de narrer avec intérêt et simplicité, et par la vivacité de quelques-uns de leurs tableaux; mais ils n'approfondissent point les caractères, ils ne jugent point les institutions. Les faits inspiroient alors une telle avidité, qu'on ne reportoit point encore sa pensée vers les causes. Les historiens grecs marchent avec les événemens; ils en suivent l'impulsion, mais ne s'arrêtent point pour les considérer. On diroit que, nouveaux dans la vie, ils ne savent pas si ce qui est pourroit exister autrement; ils ne blâment ni n'approuvent; ils transmettent les vérités morales comme les faits physiques, les beaux discours comme les mauvaises actions, les bonnes loix comme les volontés tyranniques, sans analyser ni les caractères, ni les principes. Ils vous peignent, pour ainsi dire, la conduite des hommes comme la végétation des plantes, sans porter sur elle un jugement de réflexion (1). C'est aux historiens des premiers âges de la Grèce, que ces observations s'appliquent. Plutarque, contemporain de Tacite, appartient à une époque différente de l'esprit humain.

---

(1) Thucydide est certainement le plus distingué des historiens grecs. Tous ses tableaux sont pleins d'imagination; et ses harangues sont, comme celles de Tite-Live, de la plus belle éloquence : lorsqu'il raconte les malheurs attachés aux troubles civils, il jette de grandes lumières sur les passions politiques, et doit paroître supérieur aux écrivains modernes qui n'ont que l'histoire des guerres et des rois à raconter. Mais qui pourroit comparer la philosophie de Thucydide à celle de Hume, et la profondeur de son esprit à celle de Machiavel, dans ses Réflexions sur les Décades de Tite-Live !

L'éloquence des philosophes égaloit presque, chez les Grecs, l'éloquence des orateurs. Socrate, Platon, aimoient mieux parler qu'écrire, parce qu'ils sentoient, sans se rendre précisément compte de leur talent, que leurs idées appartenoient plus à l'inspiration qu'à l'analyse. Ils avoient besoin de recourir au mouvement et à l'exaltation produite par le langage animé de la conversation ; ils cherchoient ce qui pouvoit agir sur l'imagination, avec autant de soin que les métaphysiciens exacts et les moralistes sévères en mettent de nos jours à se garantir de toute parure poétique. L'éloquence philosophique des Grecs fait encore effet sur nous, par la noblesse et la pureté du langage. La doctrine calme et forte qu'ils enseignoient, donne à leurs écrits un caractère que le temps n'a point usé. L'antiquité sied bien aux beautés simples ; néanmoins nous trouverions les discours des philosophes grecs sur les affections de l'ame trop monotones, s'ils étoient écrits de nos jours : il leur manque une grande puissance pour faire naître l'émotion ; c'est la mélancolie et la sensibilité.

Les opinions stoïciennes n'unissoient point la sensibilité à la morale ; la littérature des peuples du nord n'avoit point encore fait aimer les images sombres ; le genre humain n'avoit pas encore atteint, s'il est permis de s'exprimer ainsi, l'âge de la mélancolie ; l'homme luttant contre les souffrances de l'ame, ne leur opposoit que la force, et non cette résignation sensible, qui n'étouffe point la peine et ne rougit point des regrets. Cette résignation peut seule faire servir la douleur, même aux plus sublimes effets du talent.

L'éloquence de la tribune étoit, dans la république d'Athènes, aussi parfaite qu'il le falloit, pour entraîner l'opinion des auditeurs. Dans les pays où l'on peut produire, par la parole, un grand résultat politique, ce talent se développe nécessairement. Quand on connoît la valeur du prix, on sait d'avance quels efforts seront tentés pour l'obtenir. L'éloquence étoit chez les Athéniens, tant qu'ils ont été libres, une espèce de gymnastique, dans laquelle on voit l'orateur presser le peuple par ses argumens, comme s'il vouloit le terrasser. Le mouvement que Démosthène exprime le plus souvent, c'est l'indignation que lui inspirent les Athéniens; cette colère contre le peuple, assez naturelle peut-être dans une démocratie, revient sans cesse dans les discours de Démosthène. Il parle de lui-même d'une manière digne; c'est-à-dire, rapide et indifférente.

J'examinerai, dans le chapitre suivant, quelques-unes des raisons politiques de la différence qui existe entre Cicéron et Démosthène; ce qu'on peut remarquer en général dans les orateurs grecs, c'est qu'ils ne se servent que d'un petit nombre d'idées principales, soit qu'on ne puisse frapper le peuple qu'avec peu d'argumens exprimés fortement et long-temps développés, soit que les harangues des Grecs eussent le même défaut que leur littérature, l'uniformité. Les anciens, pour la plupart, n'ont pas une grande variété de pensées. Leurs écrits sont comme la musique des Ecossais, qui composent des airs avec cinq notes, dont la parfaite harmonie éloigne toute critique, sans captiver profondément l'intérêt.

Enfin les Grecs, tout étonnans qu'ils sont, laissent peu de regrets. C'est ainsi que devoit être un peuple, qui commençoit la civilisation du monde. Ils ont toutes les qualités nécessaires pour exciter le développement de l'esprit humain ; mais on n'éprouve point, en les voyant disparoître de l'histoire, la même douleur qu'inspire la perte du nom et du caractère des Romains. Les mœurs, les habitudes, les connoissances philosophiques, les succès militaires, tout semble chez les Grecs ne devoir être que passager ; c'est la semence que le vent emportera dans tous les lieux de la terre, et qui ne restera point où elle est née.

L'amour de la réputation étoit le principe de toutes les actions des Grecs ; ils étudioient, pour être admirés ; ils supportoient la douleur, pour exciter l'intérêt ; ils adoptoient des opinions, pour avoir des disciples ; ils défendoient leur patrie, pour la gouverner (1). Mais ils n'avoient point ce sentiment intime,

---

(1) Alcibiade et Thémistocle ont voulu se venger de leur patrie, en lui suscitant des ennemis étrangers ; jamais un Romain ne se fût rendu coupable d'un tel crime Coriolan en est le seul exemple, et il ne put se résoudre à l'achever.

cette volonté réfléchie, cet esprit national, ce dévouement patriotique qui ont distingué les Romains. Les Grecs devoient donner l'impulsion à la littérature et aux beaux arts. Les Romains ont fait porter au monde l'empreinte de leur génie.

CHAPITRE V.

De la Littérature latine, pendant que la République Romaine duroit encore.

Il faut distinguer dans toutes les littératures ce qui est national de ce qui appartient à l'imitation. L'empire romain ayant succédé à la domination d'Athènes, la littérature latine suivit la route que la littérature grecque avoit tracée, d'abord parce que c'étoit la meilleure à beaucoup d'égards, et que vouloir s'en écarter en tout, eût été renoncer au bon goût et à la vérité; peut-être aussi, parce que la nécessité seule produit l'invention, et qu'on adopte au lieu de créer quand on trouve un modèle d'accord avec ses idées habituelles. Le genre humain s'applique de préférence à perfectionner, quand il est dispensé de découvrir.

Le paganisme romain avoit beaucoup de rapport avec le paganisme grec. Les préceptes des beaux arts et de la littérature, un grand nombre de loix, la plupart des opinions philosophiques, ont été transportés successivement de Grèce en Italie. Je ne m'attacherai donc pas ici à l'analyse des effets semblables, qui devoient naître des mêmes causes. Tout ce qui tient dans la littérature grecque à la religion païenne, à l'esclavage, aux coutumes des nations du midi, à l'esprit général de l'antiquité avant l'invasion des peuples du nord et l'établissement de la religion chrétienne, doit se retrouver avec quelques modifications chez les Latins.

Ce qu'il importe de remarquer, ce sont les différences caractéristiques de la littérature grecque et de la littérature latine, et les progrès de l'esprit humain, dans les trois époques successives de l'histoire littéraire des Romains, celle qui a précédé le règne d'Auguste, celle qui porte le nom de cet empereur, et celle qui peut se compter, depuis sa mort jusqu'au règne des Antonins. Les deux premières se confondent à quelques égards par les dates, mais leur esprit est extrêmement différent. Quoique Cicéron soit mort sous le triumvirat d'Octave, son génie appartient en entier à la république; et quoiqu'Ovide, Virgile,

Horace, soient nés pendant que la république subsistoit encore, leurs écrits portent le caractère de l'influence monarchique. Sous le règne d'Auguste même, quelques écrivains, Tite-Live sur-tout, montrent souvent dans leur manière d'écrire l'histoire, un esprit républicain; mais pour analyser avec justesse le genre distinctif de ces trois époques, il faut examiner leurs couleurs générales, et non les exceptions particulières.

Le caractère romain ne s'est montré tout entier, que pendant le temps qu'a duré la république. Une nation n'a de caractère, que lorsqu'elle est libre. L'aristocratie de Rome avoit quelques-uns des avantages de l'aristocratie des lumières. Quoiqu'on puisse, avec raison, lui reprocher tout ce qui, dans la nomination des sénateurs, tenoit purement à l'hérédité, néanmoins le gouvernement de Rome, dans l'enceinte de ses murs, étoit un gouvernement libre et paternel. Mais les conquêtes donnoient un pouvoir immense aux chefs de l'état; et les principaux Romains, élite de la ville, reine de l'univers, se considéroient comme possesseurs du patriciat du monde.

C'est de ce sentiment d'aristocratie chez les nobles, de supériorité exclusive dans les habitans de la cité, que dérive l'éminent caractère des écrits romains, de leur langue, de leurs mœurs, de leurs habitudes, la dignité.

Les Romains ne montroient jamais, dans quelques circonstances que ce fût, une agitation violente; lors même qu'ils desiroient d'émouvoir par l'éloquence, il leur importoit encore plus de conserver la dignité calme d'une ame forte, de ne point compromettre le sentiment de respect, qui étoit la base de toutes leurs institutions politiques, comme de toutes leurs relations sociales. Il y a dans leur langue une autorité d'expression, une gravité de son, une régularité de périodes, qui se prête à peine aux accens brisés d'une ame troublée, aux saillies rapides de la gaîté. Ils triomphoient dans les combats par leur courage; mais leur force morale consistoit dans l'impression solemnelle et profonde que produisoit le nom romain. Ils ne se permettoient, pour aucun motif, pas même pour un succès présent, ce qui pouvoit porter atteinte aux rapports durables de subordination, d'égards et de sagesse.

C'étoit un peuple, dont la puissance consistoit dans une volonté suivie, plutôt que dans l'impétuosité de ses passions. Il falloit le persuader par le développement de la raison, et le contenir par l'estime. Plus religieux que les Grecs, quoique moins fanatique, plus obéissant aux autorités politiques, moins enthousiaste, et par conséquent moins jaloux des réputations individuelles, il n'étoit jamais privé de l'exercice de sa raison, par aucun événement de la vie humaine.

Les Romains avoient commencé par mépriser les beaux arts, et en particulier la littérature, jusqu'au moment où les philosophes, les orateurs, les historiens rendirent le talent d'écrire utile aux affaires et à la morale publique. Lorsque les premiers de l'état s'occupèrent de littérature, leurs livres eurent sur ceux des Grecs l'avantage que donne toujours la connoissance pratique des hommes et de l'administration; mais ils furent composés nécessairement avec plus de circonspection. Cicéron n'osoit attaquer qu'avec timidité les idées reçues à Rome. Les opinions nationales ne pouvoient être bravées par qui vouloit obtenir de la nation son suffrage, pour les premières places de la république; l'écrivain aspiroit toujours à se conserver la réputation d'homme d'état.

Dans les démocraties, telles qu'étoit celle d'Athènes, l'étude de la philosophie et l'occupation des affaires politiques se trouvent presque aussi rarement réunies, que dans une monarchie le métier de courtisan et le mérite de penseur. Les moyens par lesquels on acquiert la popularité, occupent entièrement le temps, et n'ont presque point de rapport avec les travaux nécessaires à l'accroissement des lumières. Les chefs du peuple n'ont, pour ainsi dire, aucune idée de la postérité ; les orages du présent sont si terribles, les revers et la prospérité portent si loin la destinée, que toutes les passions sont absorbées par les événemens contemporains. Le gouvernement aristocratique offrant une carrière plus lente et plus mesurée, fixe davantage l'intérêt sur tous les genres d'avenir : les lumières philosophiques sont nécessaires à la considération dans un corps d'hommes choisis, tandis qu'il suffit des ressources de l'imagination pour émouvoir la multitude rassemblée.

Excepté Xénophon, qui avoit été lui-même acteur dans l'histoire militaire qu'il raconte, mais qui néanmoins n'a jamais eu de pouvoir dans l'intérieur de la république, aucun des hommes d'état d'Athènes ne fut en même temps célèbre par ses talens littéraires; aucun, comme Cicéron et César, ne crut ajouter par ses écrits, à son existence politique. Scipion et Salluste furent soupçonnés, l'un d'être l'auteur secret des comédies de Térence, l'autre d'avoir été l'acteur caché de la conspiration dont il étoit l'historien; mais on ne voit point d'exemple dans Athènes, que le même homme ait suivi la double carrière des lettres et des affaires publiques. Il résultoit de cette séparation presque absolue, entre les études philosophiques et les occupations de l'homme d'état, que les écrivains grecs cédoient davantage à leur imagination, et que les écrivains latins prenoient pour règle de leurs pensées la réalité des choses humaines.

La littérature latine est la seule qui ait débuté par la philosophie; dans toutes les autres, et sur-tout dans la littérature grecque, les premiers essais de l'esprit humain ont appartenu à l'imagination. Les comédies de Plaute et de Térence, ne sont que des imitations du grec. Les autres poètes antérieurs à Cicéron, ou méritent à peine d'être nommés, ou, comme Lucrèce, ont mis en vers des idées philosophiques (1). L'utilité est

---

(1) Cette opinion m'ayant été contestée, je crois devoir indiquer quelques faits qui la prouvent. J'ai dit que les poètes qui avoient précédé Cicéron et Lucrèce, méritoient à peine d'être nommés. On m'a objecté Ennius, Accius et Pacuvius. Ennius, le meilleur des trois, est un poète incorrect, obscur, et d'une imagination peu poétique. Cette opinion, fondée sur les fragmens qui nous restent de lui, est confirmée par Virgile. Son jugement sur Ennius est passé en proverbe. Horace se moque, dans l'une de ses épîtres, de ceux qui admirent les anciens poètes romains, Ennius et ses contemporains. Ovide, dans ses Tristes, défend aux femmes de lire les Annales en vers d'Ennius, parce que, dit-il (*nihil est hirsutius illis*), rien n'est plus grossier que ces Annales; et le plus grand nombre des commentateurs latins considèrent Ennius comme un mauvais écrivain.

J'ai dit que les Romains s'étoient occupés de phi-

le principe créateur de la littérature latine ;
le besoin de s'amuser, le principe créateur
de la littérature grecque. Les patriciens ins-

---

losophie avant d'avoir eu des poètes. C'est dans l'an
514 que les premières comédies en vers, composées
par Titus Andronicus, ont été représentées ; et c'est
l'année suivante qu'Ennius a été connu. Cinq siècles
avant cette époque, Numa avoit écrit sur la philosophie, et cent cinquante ans après Numa, Pythagore
avoit été reçu bourgeois de Rome. Les sectes philosophiques de la grande Grèce avoient eu des rapports
continuels avec Rome ; la langue latine avoit emprunté
beaucoup de mots et de règles grammaticales du grec
éolique, que les colonies avoient transporté dans la
grande Grèce. Ennius, avant d'écrire en vers, avoit
embrassé la secte pythagoricienne ; et ce qui nous
reste de ses poëmes contient des idées philosophiques
beaucoup plus que des fables merveilleuses.

La législation, qu'on doit regarder comme une
branche de la philosophie, fut portée au plus haut
point de perfection à Rome avant qu'il y eût des
poëtes. Des écoles publiques furent instituées pour
étudier l'esprit des loix ; des commentateurs les analysèrent. Sextus Papyrius, Sextus Cœlius, Granius
Flaccus, &c. ont écrit sur ce sujet dans le troisième,
quatrième et cinquième siècle de la république. Pour
rédiger la loi des douze tables, on envoya des Romains
consulter les hommes les plus éclairés de la Grèce ; et

tituoient, par condescendance pour le peuple, des spectacles, des chants et des fêtes; mais la puissance durable étant concen-

---

cette loi des douze tables, qui traite de la religion, du droit public et particulier, est citée par Cicéron, comme supérieure à tout ce que les philosophes ont jamais écrit sur ce sujet.

Paul Emile confia au philosophe Métrodore, qu'il avoit ramené d'Athènes, l'éducation de son fils. Caton l'Ancien, qui désapprouvoit le goût des Romains pour la littérature grecque, et qui témoigna particulièrement du mépris à Ennius, parce qu'il écrivoit en vers, avoit été instruit lui-même par Néarque le pythagoricien, et se distingua comme écrivain et comme orateur : il ne se montra l'adversaire que de Carnéade, philosophe grec de la secte académique; et Diogène le stoïcien, qui fut envoyé à Rome en même temps que Carnéade, y fut si bien accueilli, que Scipion, Lælius, et plusieurs autres sénateurs embrassèrent sa doctrine : il paroît même qu'elle étoit connue et pratiquée à Rome long-temps avant cette ambassade.

Si l'on veut toujours appeler la philosophie l'art des sophismes, l'on pourra dire avec raison que, pendant toute la durée de la république, les Romains repoussèrent ce faux esprit des Grecs; mais si l'on veut rendre à la philosophie l'honorable acception qu'elle a toujours eue dans l'antiquité, l'on verra trée dans le sénat, ce corps devoit nécessairement donner l'impulsion à l'esprit public.

---

que les Romains n'ont pu être de grands hommes d'état, de profonds législateurs et d'habiles orateurs politiques, sans être philosophes.

Avant Ennius, il y avoit eu beaucoup d'écrivains en prose chez les Romains. Posthumus Albinus, romain, écrivit une histoire de Rome en grec; Fabius Pictor, une autre en latin, &c. Avant Ennius, les Romains possédoient des orateurs célèbres, dont Cicéron parle avec admiration, les Gracches, les Appius, &c. Plusieurs de leurs discours existoient encore par écrit du temps de Cicéron. Enfin la république avoit eu presque tous ses grands hommes avant qu'on y cultivât la poésie.

Peut-on comparer cette marche de l'esprit humain dans Rome à celle qu'il a suivie dans la Grèce? Le plus sublime des poètes, Homère, a existé quatre siècles avant le premier écrivain en prose qui nous soit connu, Phérécide de Scyros, trois cents ans avant Solon, un siècle avant Lycurgue; et le premier art de l'imagination, la poésie, avoit presque atteint en Grèce le plus haut degré de perfection, avant que l'on eût sur d'autres objets les idées suffisantes pour faire un code de loix et former une société politique.

Enfin, quand on veut connoître le caractère d'une littérature, c'est son esprit général que l'on saisit.

Le peuple romain étoit une nation déjà célèbre, sagement gouvernée, fortement constituée, avant qu'aucun écrivain eût

---

On dit que la littérature italienne a commencé par la poésie, quoique du temps de Pétrarque il y eut de mauvais prosateurs dont on pourroit objecter les noms, comme on prétend opposer Ennius, Accius et Pacuvius aux grands orateurs, aux philosophes politiques qui consacrent la gloire des premiers siècles de la république romaine. Si l'on disoit le poète Cicéron, parce qu'il a essayé dans sa jeunesse un poëme sur Marius, l'on ne comprendroit rien à cette épithète. Il en est de même de cette poésie informe, froide et inconnue, à laquelle on veut attribuer l'origine de la littérature latine. L'instruction vaut quelquefois beaucoup mieux que l'érudition ; car, dans la nuit de l'antiquité, l'on peut se perdre dans des faits de détail qui empêcheront de saisir la vérité de l'ensemble.

Les écrivains vraiment célèbres avant le siècle d'Auguste, ce sont Salluste, Cicéron et Lucrèce, auxquels on peut joindre Plaute et Térence, traducteurs des comédies grecques. Mais quel est le poète original, dans la langue latine, qui ait mérité quelque réputation avant Cicéron ? Quel est le poète qui ait eu sur la littérature latine, avant le siècle d'Auguste, une influence que l'on puisse comparer le moins du monde à celle d'Homère sur la littérature grecque ?

existé dans la langue latine. La littérature
a commencé, lorsque l'esprit des Romains
étoit déjà formé par plusieurs siècles, dans
lesquels les principes philosophiques avoient
été mis en pratique. L'art d'écrire ne s'étoit
développé que long-temps après le talent
d'agir; la littérature eut donc, chez les Romains, un tout autre caractère, un tout
autre objet, que dans les pays où l'imagination se réveille la première.

Un goût plus sévère que celui des Grecs
devoit résulter, à Rome, de la distinction
des classes. Les premières cherchant toujours à s'élever, ne tardent pas à remarquer
que la noblesse des manières, la délicatesse

Cicéron est le premier de la littérature latine, comme
Homère le premier de la littérature grecque ; avec
cette différence que, pour qu'il existât un philosophe comme Cicéron, il falloit que beaucoup de
siècles éclairés l'eussent précédé, tandis que c'est à
l'imagination seule du poète et au merveilleux des
temps héroïques qu'il faut attribuer Homère.

Si l'on trouvoit ces observations trop multipliées,
je demande qu'on se souvienne qu'elles sont écrites
en réponse à une attaque qui exigeoit une réfutation.

de l'éducation, font mieux sentir la distance des rangs, que toutes les gradations légales. Les Romains n'auroient jamais supporté, sur leur théâtre, les plaisanteries grossières d'Aristophane; ils n'auroient jamais souffert que les événemens contemporains, les personnages publics fussent ainsi livrés en spectacle. Ils permettoient qu'on jouât devant eux de certaines mœurs théâtrales, sans aucun rapport avec leurs vertus domestiques, des pantomimes, ou des farces grossières, des esclaves grecques faisant le principal rôle dans des sujets grecs, mais rien qui pût avoir la moindre analogie avec les mœurs des Romains. Les idées, les sentimens qu'on exprimoit dans ces comédies étoient, pour les spectateurs de Rome, comme une fiction de plus dans un ouvrage d'imagination; et néanmoins Térence conservoit dans ces sujets étrangers le genre de décence et de mesure qu'exige la dignité de l'homme, alors même qu'il n'y a point de femmes pour auditeurs.

Les femmes avoient plus d'existence chez les Romains que chez les Grecs; mais c'étoit dans leurs familles qu'elles obtenoient de l'ascendant : elles n'en avoient point acquis encore dans les rapports de la société. Le goût, l'urbanité romaine avoient quelque chose de mâle qui n'empruntoit rien de la délicatesse des femmes, et se maintenoient seulement par l'austérité des mœurs.

L'éloquence orageuse de la Grèce, ni l'ingénieuse flatterie de la France ne sont point faites pour les gouvernemens aristocratiques : ce n'est ni le peuple, ni l'individu roi qu'il faut captiver ; c'est un corps, c'est un petit nombre, mettant en commun ses intérêts séparés. Dans un tel ordre de choses, il falloit que les patriciens se respectassent mutuellement pour en imposer au reste de la nation ; il falloit obtenir une estime de durée ; il falloit que chacun eût des qualités sérieuses et graves, qui pussent honorer ses pareils, et servir à leur existence, autant qu'à la sienne propre. Ce qui singularise, ce qui excite trop d'applaudissemens ou trop d'envie, ne convient point à la dignité d'un corps. Les Romains ne cherchoient donc point à se distinguer, comme les Grecs, par des systèmes extraordinaires, par d'inutiles sophismes, par un genre de vie bizarrement philosophique (1). Ce qui pouvoit obtenir l'estime des patriciens étoit l'objet de l'émulation générale : on pouvoit les haïr ; mais on vouloit leur ressembler.

Quoique les Romains se soient moins livrés que les Grecs à la littérature, ils leur sont supérieurs par la sagacité et l'étendue, dans les observations morales et philosophiques. Les Romains avoient sur les Grecs une avance de quelques siècles, dans la carrière de l'esprit humain. D'ailleurs, plus il existe de convenances à ménager, plus la pénétration de l'esprit est nécessaire. La démocratie inspire une émulation vive et presque universelle ; mais l'aristocratie excite davantage à perfectionner ce qu'on entreprend. L'écrivain qui compose a toujours ses juges présens à la pensée ; et tous les ouvrages sont un résultat combiné du génie de l'auteur, et des lumières du public, qu'il s'est choisi pour tribunal.

---

(1) Qu'auroit-on dit à Rome des singularités de Diogènes ? Rien, car il ne s'y seroit point livré, dans un pays où elles ne lui auroient point valu de succès.

Les Grecs étoient beaucoup plus exercés que les Romains, à ces reparties promptes et piquantes qui assurent la popularité au milieu d'une nation spirituelle et gaie; mais les Romains avoient plus d'esprit véritable; c'est-à-dire, qu'ils voyoient un plus grand nombre de rapports entre les idées, et qu'ils approfondissoient davantage tous les genres de réflexion. Leurs progrès dans les idées philosophiques, sont extrêmement sensibles, depuis Cicéron jusqu'à Tacite. La littérature d'imagination a suivi une marche inégale; mais la connoissance du cœur humain et de la morale qui lui est propre, s'est toujours perfectionnée progressivement. Les principales bases des opinions philosophiques des Romains, sont empruntées des Grecs; mais comme les Romains adoptèrent, dans la conduite de leur vie, les principes que les Grecs avoient développés dans leurs livres, l'exercice de la vertu les a rendus très-supérieurs aux Grecs, pour l'analyse de tout ce qui tient à la morale. Le code des devoirs est présenté par Cicéron avec plus d'ensemble, plus de clarté, plus de force, que dans aucun autre ouvrage précédent. Il étoit impossible d'aller plus loin avant l'établissement d'une religion bienfaisante, et l'abolition de l'esclavage politique et civil.

Les anciens n'ont point approfondi les passions humaines, comme l'ont fait quelques moralistes modernes; leurs idées même sur la vertu s'y opposoient nécessairement. La vertu consistoit, chez les anciens, dans la force sur soi-même et l'amour de la réputation. Ces ressorts, plus extérieurs qu'intimes, n'ont point permis à l'homme de connoître les secrets du cœur de l'homme; et la philosophie morale y a perdu sous plusieurs rapports.

Les opinions stoïciennes étoient le point d'honneur des Romains : une vertu dominante soutient toutes les associations politiques, indépendamment du principe de leur gouvernement ; c'est-à-dire qu'entre toutes les qualités, on en préfère une, sans laquelle toutes les autres ne sont rien, et qui suffit seule à faire pardonner l'absence de toutes. Cette qualité est le lien de patrie, le caractère distinctif des citoyens d'un même pays. Chez les Lacédémoniens, c'étoit le mépris de la douleur physique ; chez les Athéniens, la distinction des talens ; chez les Romains, la puissance de l'ame sur elle-même ; chez les Français, l'éclat de la valeur ; et telle étoit l'importance qu'un Romain mettoit à l'exercice d'un empire absolu sur tout son être, que, seul avec lui-même, le stoïcien s'avouoit à peine les affections, qu'il lui étoit ordonné de surmonter.

Si un homme d'honneur étoit susceptible de quelque crainte, il la repousseroit avec tant d'énergie, qu'il n'auroit jamais l'occasion ni la volonté de l'observer dans son propre cœur. Il en étoit de même, parmi les philosophes romains, des sentimens tumultueux de peine ou de colère, d'envie ou de regret : ils trouvoient efféminés tous les mouvemens involontaires ; et rougissant de les éprouver, ils ne s'attachoient point à les connoître ni dans eux-mêmes, ni dans les autres. L'étude du cœur humain n'étoit pour eux que celle de la force ou de la foiblesse. Toujours ambitieux de réputation, ils ne s'abandonnoient point à leur propre caractère ; ils ne montroient jamais qu'une nature commandée.

Cicéron est le seul dont l'individualité perce à travers ses écrits : encore combat-il par son système ce que son amour-propre laisse échapper. Sa philosophie est composée de préceptes, et non d'observations. Les Romains n'étoient point hypocrites ; mais ils se formoient au-dedans d'eux-mêmes pour l'ostentation. Le caractère romain étoit un modèle auquel tous les grands hommes adaptoient leur nature particulière ; et les écrivains moralistes présentoient toujours le même exemple.

Cicéron, dans ses Offices, parle du *décorum*, c'est-à-dire, des formes extérieures de la vertu, comme faisant partie de la vertu même ; il enseigne, comme un devoir de morale, les divers moyens d'imposer le respect, par la pureté du langage, par l'élégance de la prononciation. Tout ce qui peut ajouter à la dignité de l'homme, étoit la vertu des Romains. Ce sont les jouissances philosophiques, et non les idées douces d'une religion élevée, qu'ils proposent pour récompenses des sacrifices. Ce ne sont point aux consolations du cœur qu'ils en appellent pour soutenir les hommes, c'est à la fierté; tant leur nature est majestueuse, tant ils s'efforcent d'éloigner d'eux tout ce qui pourroit appartenir à des mouvemens sensibles, ces mouvemens fussent-ils même à l'appui de la plus sévère morale !

On ne voit donc, dans la première époque de leur littérature, aucun ouvrage qui montre une profonde connoissance du cœur humain, qui peigne ni le secret des caractères, ni les diversités sans nombre de la nature morale. C'eût été peut-être encourager les foiblesses, que d'en démêler les causes, tandis que les Romains vouloient en ignorer jusqu'à la possibilité. Leur éloquence elle-même n'est point animée par des passions irrésistibles; c'est la chaleur de la raison qui n'exclut point le calme de l'ame.

Les Romains avoient cependant plus de vraie sensibilité que les Grecs; les mœurs sévères conservent mieux les affections sensibles, que la vie licencieuse à laquelle les Grecs s'abandonnoient.

Plutarque, qui laisse de ce qu'il peint des souvenirs si animés, raconte que Brutus, prêt à s'embarquer pour quitter l'Italie, se promenant sur le bord de la mer avec Porcie, qu'il alloit quitter, entra avec elle dans un temple ; ils y adressèrent ensemble leur prière aux dieux protecteurs. Un tableau qui représentoit les adieux d'Hector à Andromaque, frappa d'abord leurs regards. La fille de Caton, qui jusqu'alors avoit réprimé les expressions de sa douleur, en voyant ce tableau, ne put contenir l'excès de son émotion. Brutus, alors attendri lui-même, dit en s'approchant de quelques amis qui l'avoient accompagné : « Je vous confie cette femme, » qui unit à toutes les vertus de son sexe le » courage du nôtre » ; et il s'éloigna.

Je ne sais si nos troubles civils, où tant d'adieux ont été les derniers, ajoutent à mon impression en lisant ce récit ; mais il me semble qu'il en est peu de plus touchans. L'austérité romaine donne un grand caractère aux affections qu'elle permet. Le stoïcien Brutus, dont la farouche vertu n'avoit rien épargné, laissant voir un sentiment si tendre dans ces momens qui précèdent, et ses derniers efforts, et ses derniers jours, surprend le cœur par une émotion inattenduc; et l'action terrible et la funeste destinée de ce dernier des Romains, entourent son image d'idées sombres, qui jettent sur Porcie l'intérêt le plus douloureux (1).

Comparez à cette situation Périclès, défendant, devant l'aréopage, Aspasie accusée; l'éclat de la puissance, le charme de la beauté, l'amour même, tel que la séduction peut l'exciter, vous trouverez tous ces moyens d'effet réunis dans le récit de ce plaidoyer; mais ils ne pénétreront point jusqu'au fond de votre ame. Dans le secret de la conscience se trouve aussi la source de l'attendrissement. Ce ne sont ni les préjugés de la société, ni les opinions philosophiques qui disposent de notre cœur; c'est la vertu, telle que le ciel l'a créée, vertu d'amour ou vertu de sacrifice, mais toujours délicatesse et vérité.

Quoique les Romains, par la pureté de leurs mœurs et les progrès de leur esprit, fussent plus capables que les Grecs d'affections profondes, on ne trouve point, dans

---

(1) Elle vint sur ce seuil accompagner ses pas,
 Et les infortunés ne se revirent pas.
Les Gracques, par M. DE GUIBERT.

leurs écrits, jusqu'au règne d'Auguste, la trace des idées et des expressions sensibles que ces affections devoient leur inspirer. L'habitude de ne laisser voir aucune de leurs impressions personnelles, de porter toujours l'intérêt vers les principes philosophiques, donne de l'énergie, mais souvent aussi de la sécheresse et de l'uniformité à leur littérature. « Quant à ce sentiment, dit » Cicéron, vulgairement appelé l'amour, il » est presque superflu de démontrer com- » bien il est indigne de l'homme ». Ailleurs il dit, en parlant des regrets et des pleurs versés sur les tombeaux, que « ces témoi- » gnages de douleur ne conviennent qu'aux » femmes ». Il ajoute « qu'ils sont de mau- » vais augure ». Ainsi l'homme qui vouloit dompter la nature, cédoit à la superstition.

Sans vouloir discuter ici quel avantage résulte, pour une nation, de cette force morale, exaltée par tous les efforts réunis des institutions et des mœurs, il est certain que la littérature doit avoir moins de variété, lorsque l'esprit de chaque homme a sa route tracée par l'esprit national, et que les efforts individuels tendent tous à perfectionner un seul genre, au lieu de se diriger vers celui pour lequel chacun a le plus de talent.

Les combats des gladiateurs avoient pour objet d'intéresser fortement le peuple romain par l'image de la guerre et le spectacle de la mort; mais dans ces jeux sanglans, les Romains exigeoient encore que les esclaves sacrifiés à leurs barbares plaisirs, sussent triompher de la douleur, et n'en laissassent échapper aucun témoignage. Cet empire continuel sur les affections, est peu favorable aux grands effets de la tragédie : aussi la littérature latine ne contient-elle rien de vraiment célèbre en ce genre (1). Le caractère romain avoit certainement la grandeur tragique; mais il étoit trop contenu pour être théâtral. Dans les classes même du peuple, une certaine gravité distinguoit toutes les actions. La folie causée par le malheur, ce cruel tableau de la nature

---

(1) Horace se plaint de ce que les Romains, au milieu de la représentation des pièces de théâtre, les interrompoient pour demander à grands cris des gladiateurs.

physique, troublée par les souffrances de l'ame, ce puissant moyen d'émotion, dont Shakespear a tiré le premier des scènes si déchirantes, les Romains n'y auroient vu que la dégradation de l'homme. On ne cite même dans leur histoire aucune femme, aucun homme connu, dont la raison ait été dérangée par le malheur. Le suicide étoit très-fréquent parmi les Romains, mais les signes extérieurs de la douleur extrêmement rares. Le mépris qu'excitoit la démonstration de la peine, faisoit une loi de mourir ou d'en triompher. Il n'y a rien dans une telle disposition, qui puisse fournir aux développemens de la tragédie.

On n'auroit jamais pu, d'ailleurs, transporter à Rome l'intérêt que trouvoient les Grecs dans les tragédies dont le sujet étoit national (1). Les Romains n'auroient point voulu, qu'on représentât sur le théâtre ce

---

(1) Il existe une tragédie sur un sujet romain, la mort d'Octavie; mais elle a été composée, comme la nature du sujet le prouve, long-temps après la destruction de la république; et quoiqu'elle soit dans les Œuvres de Sénèque, on en ignore l'auteur, et l'on ne sait pas si elle a jamais été représentée.

qui pouvoit tenir à leur histoire, à leurs affections, à leur patrie (1). Un sentiment religieux consacroit tout ce qui leur étoit cher. Les Athéniens croyoient aux mêmes

---

(1) On oppose à cette opinion ces quatre vers d'Horace :

| Nihil intentatum nostri li- quere poetæ, Nec minimum meruere decus, vestigia græca Ausi deserere, et celebrare domestica facta, Vel qui prætextas, vel qui do- cuere togatos. | Nos poètes n'ont laissé aucun genre sans l'avoir essayé ; et ils ont mérité beaucoup de louan- ges, en osant abandonner les traces des Grecs, et célébrer des événemens domestiques qui ins- truisoient les nobles et les ci- toyens. |

Je ne sais point à quel genre d'ouvrage ni à quelle époque de la littérature latine se rapporte ces quatre vers d'Horace. Au moment où il a écrit l'Art poé- tique, les plus fameux poètes du siècle d'Auguste exis- toient ; et il paroît que l'Enéide même étoit déjà con- nue. Ces vers sont les seuls, dans les écrits des auteurs classiques latins, et dans Horace lui-même, que l'on puisse expliquer, comme faisant allusion à des tragé- dies sur des sujets romains : encore peuvent-ils être diversement interprétés. Ce qui est certain, c'est qu'Horace et Cicéron disent que les tragiques romains ont été les copistes des Grecs, et que toutes les tragé- dies citées dans les écrits des anciens (et il y en a près de deux cents) sont tirées des sujets grecs.

Accius, dit un commentateur, avoit composé une

dogmes, défendoient aussi leur patrie, aimoient aussi la liberté; mais ce respect qui agit sur la pensée, qui écarte de l'imagination jusqu'à la possibilité des actions inter-

---

tragédie sur Brutus, qui fut représentée aux jeux apollinaires. Mais une lettre de Cicéron à Atticus dit que ce fut la tragédie de Térée qui fut représentée à ces jeux; et un autre commentateur assure que ce n'étoit point une tragédie de Brutus qu'avoit faite Accius, mais des vers adressés à un Brutus, descendant du premier, avec lequel il étoit très-lié. Les édiles, à Rome, étoient chargés de décider, d'après la lecture des pièces de théâtre, si elles seroient ou non représentées : comment donc savoir s'ils ont autorisé la représentation d'une pièce sur un sujet romain, en supposant même qu'il en existe que nous ne connoissions pas, tandis que les titres de près de deux cents tragédies tirées des sujets grecs nous ont été transmis !

Il seroit hasardé de vouloir garantir qu'il ne se trouveroit pas dans des recherches pareilles une exception à la règle générale. Mais une observation de ce genre se fonde sur un très-grand nombre d'exemples; et il est certainement très-probable que les Romains du temps de la république n'ont point encouragé les tragédies qui avoient pour sujet les propres événemens de leur histoire. Il ne nous est resté ni un titre ni un éloge de semblables tragédies dans Horace ni Cicéron, qui dites, ce respect qui tient à quelques égards de la superstition de l'amour, les Romains

mettoient l'un et l'autre cependant beaucoup de prix à faire valoir la littérature latine.

Aux vers d'Horace, qui me sont opposés, j'en objecterai d'autres tirés d'une de ses épîtres :

Serus enim Græcis admovit acumina chartis : Et post Punica bella quietus, quærere cœpit Quid Sophocles, et Thespis, et Æschilus utile ferrent. Tentavit quoque, rem si dignè vertere posset: Et placuit sibi, natura sublimis, et acer. Nam spirat tragicum satis et feliciter audet : Sed turpem putat in scriptis metuitque lituram.	C'est fort tard que les Romains se sont occupés de la littérature des Grecs ; et lorsque la fin des guerres puniques eut rendu le repos à la république, on commença à chercher alors les beautés que pouvoient offrir Sophocle, Eschyle et Thespire, et l'on essaya même de les imiter. Cette nature forte et sublime plaisoit aux Romains ; car ils res`irent le sentiment de la tragédie, et peuvent oser avec succès. Mais ils répugnent à corriger ce qu'ils composent, et trouvent même quelque chose de honteux à raturer leurs écrits.

Y a-t-il rien dans ces vers qui suppose que les Romains ont eu des pièces de théâtre originales ? et n'est-ce pas un trait à ajouter au caractère des Romains, que cette espèce d'orgueil qu'ils attachoient à ne pas corriger les pièces qu'ils composoient ? Quel rapport peut-il y avoir entre le caractère, les talens et les goûts d'un tel peuple pendant qu'il étoit républicain, et tout ce que nous lisons de l'enthousiasme du peuple grec pour le perfectionnement de l'art dramatique et poétique ?

seuls l'éprouvoient pour les objets de leur culte.

A Athènes, la philosophie étoit, pour ainsi dire, l'un des beaux arts que cultivoit ce peuple, enthousiaste de tous les genres de célébrité. A Rome, la philosophie avoit été adoptée comme un appui de la vertu; les hommes d'état l'étudioient comme un moyen de mieux gouverner leur patrie. La grandeur de la république romaine étoit l'unique objet de leurs travaux; elle réfléchissoit sur ses guerriers, sur ses écrivains, sur ses magistrats plus d'éclat, qu'aucune gloire isolée n'auroit pu leur en assurer.

Un même but doit donner à la littérature créée par la république romaine, un même esprit, une même couleur. C'est par la perfection, et non par la variété, par la dignité, et non par la chaleur, par la sagesse, et non par l'invention, que les écrits de ce temps sont remarquables. Une autorité de raison, une majesté de caractère singulièrement imposante, garantit à chaque phrase, à chaque mot son acception toute entière. Loin d'avoir rien à retrancher à la valeur de chaque terme, il semble, au contraire, qu'ils supposent au-delà de ce qu'ils expriment. Les Romains donnent beaucoup trop de développemens à leurs idées; mais ce qui appartient aux sentimens est toujours exprimé avec concision.

La première époque de la littérature latine étant très-rapprochée de la dernière de la littérature des Grecs, on y remarque aussi les mêmes défauts, qui tiennent, comme ceux des Grecs, à ce que le monde connu n'existoit pas depuis long-temps. On trouve beaucoup de longueurs dans de certains sujets, de l'ignorance et de l'erreur sur plusieurs autres. Les Romains sont supérieurs aux Grecs dans la carrière de la pensée : mais combien toutefois dans cette même carrière ne sont-ils pas au-dessous des modernes !

La principale cause de l'admiration qui nous saisit en lisant le petit nombre d'écrits qu'il nous reste de la première époque de la littérature romaine, c'est l'idée que ces écrits nous donnent du caractère et du gouvernement des Romains. L'histoire de Salluste, les lettres de Brutus (1), les ouvrages de

---

(1) Brutus, dans ses lettres, ne s'occupoit point de

Cicéron, rappellent des souvenirs tout-puissans sur la pensée ; vous sentez la force de l'ame à travers la beauté du style ; vous voyez l'homme dans l'écrivain, la nation dans cet homme, et l'univers aux pieds de cette nation.

Sans doute Salluste et Cicéron même n'étoient pas les plus grands caractères de l'époque où ils ont vécu : mais des écrivains d'un tel talent se pénétroient de l'esprit d'un si beau siècle ; et Rome vit toute entière dans leurs écrits.

Lorsque Cicéron plaide devant le peuple, devant le sénat, devant les prêtres ou devant César, son éloquence change de formes. On peut observer dans ses harangues, non-seulement le caractère qui convenoit à la nation romaine en général, mais toutes les modifications qui doivent plaire aux différens esprits, aux différentes habitudes des hommes en autorité dans l'état. Le parallèle

---

l'art d'écrire : il n'avoit pour but que de servir les intérêts politiques de son pays ; et cependant la lettre qu'il adresse à Cicéron, pour lui reprocher les flatteries qu'il prodiguoit au jeune Octave, est peut-être ce qui a été écrit de plus beau dans la prose latine.

de Cicéron et de Démosthène se trouve donc presque entièrement dans la comparaison qu'on peut faire de l'esprit et des mœurs des Grecs, avec l'esprit et les mœurs des Romains. La verve injurieuse de Démosthène, l'éloquence imposante de Cicéron, les moyens que Démosthène emploie pour agiter les passions dont il a besoin, les raisonnemens dont Cicéron se sert pour repousser celles qu'il veut combattre, ses longs développemens, les rapides mouvemens de l'orateur grec, la multitude d'argumens que Cicéron croit nécessaires, les coups répétés que Démosthène veut porter, tout a rapport au gouvernement et au caractère des deux peuples.

L'écrivain solitaire peut n'appartenir qu'à son talent; mais l'orateur qui veut influer sur les délibérations politiques, se conforme avec soin à l'esprit national, comme un habile général étudie d'avance le terrain sur lequel il doit livrer le combat.

CHAPITRE VI.

De la Littérature latine sous le règne d'Auguste.

L'on regarde ordinairement Cicéron et Virgile comme appartenans tous les deux au même siècle, appelé le siècle d'or de la littérature latine. Cependant les écrivains, dont le génie s'étoit formé au milieu des luttes sanglantes de la liberté, devoient avoir un autre caractère, que les écrivains, dont les talens s'étoient perfectionnés sous les dernières années du paisible despotisme d'Auguste. Ces temps sont si rapprochés, qu'on pourroit en confondre les dates; mais l'esprit général de la littérature latine, avant et depuis la perte de la liberté, offre à l'observation des différences remarquables.

Les habitudes républicaines se prolongèrent encore, pendant quelques années du règne d'Auguste; plusieurs historiens en conservent les traces. Mais tout, dans les poètes, rappelle l'influence des cours : la plupart d'entr'eux desirant de plaire à Auguste, vivant auprès de lui, donnèrent à la littérature le caractère qu'elle doit prendre sous l'empire d'un monarque, qui veut captiver l'opinion, sans rien céder de la puissance qu'il possède. Ce seul point d'analogie établit quelques rapports entre la littérature latine et la littérature française, dans le siècle de Louis XIV, quoique d'ailleurs ces deux époques ne se ressemblent nullement.

La philosophie, à Rome, précéda la poésie; c'est l'ordre habituel renversé, et c'est peut-être la principale cause de la perfection des poètes latins.

Avant le règne d'Auguste, l'émulation n'avoit point été portée vers la poésie. Les jouissances du pouvoir et des intérêts politiques l'emportent presque toujours sur les succès purement littéraires; et quand la forme du gouvernement appelle les talens supérieurs à l'exercice des emplois publics, c'est vers l'éloquence, l'histoire et la philosophie, c'est vers la partie de la littérature, qui tient plus immédiatement à la connoissance des hommes et des événemens, que se dirigent les travaux. Sous l'empire d'un seul, au contraire, les beaux arts sont l'unique moyen de gloire qui reste aux esprits distingués ; et quand la tyrannie est douce, les poètes ont souvent le tort d'illustrer son règne par leurs chefs-d'œuvre.

Cependant Virgile, Horace, Ovide, malgré les flatteries qu'ils ont prodiguées à Auguste, se sont montrés beaucoup plus philosophes, beaucoup plus penseurs dans leurs écrits qu'aucun des poètes grecs. Ils doivent en partie cet avantage à la raison profonde des écrivains qui les ont précédés. Toutes les littératures ont leur époque de poésie. De certaines beautés d'images et d'harmonie sont transportées successivement dans la plupart des langues nouvelles et perfectionnées ; mais quand le talent poétique d'une nation se développe, comme à Rome, au milieu d'un siècle éclairé, il s'enrichit des lumières de ce siècle. L'imagination, sous quelques rapports, n'a qu'un temps dans chaque pays ; elle précède ordinairement les idées philosophiques : mais lorsqu'elle les trouve déjà connues et développées, elle fournit sa course avec bien plus d'éclat.

Les poètes, sous le règne d'Auguste, adoptoient presque tous dans leurs écrits le système épicurien; il est d'abord très-favorable à la poésie, et de plus, il semble qu'il donne quelque noblesse à l'insouciance, quelque philosophie à la volupté, quelque dignité même à l'esclavage. Ce système est immoral, mais il n'est pas servile; il abandonne la liberté, comme tous les biens qui peuvent exiger un effort; mais il ne fait pas du despotisme un principe, et de l'obéissance un fanatisme, comme le vouloient les adulateurs de Louis XIV. Cette brièveté de la vie, dont Horace mêle sans cesse le souvenir à ses peintures les plus riantes, cette pensée de la mort, qu'il ramène continuellement à travers toutes les prospérités, rétablissent une sorte d'égalité philosophique, à côté même de la flatterie. Ce n'est pas avec une vertueuse sensibilité, que ces poètes nous peignent la passagère destinée de l'homme; si leur ame se montroit capable d'émotions profondes, on leur demanderoit de combattre la tyrannie, au lieu de chanter l'usurpateur. Mais on se les représente, voyant passer la vie comme ils regardent couler le ruisseau qui rafraîchit leur climat brûlant, et l'on finit presque par leur pardonner d'oublier la morale et la liberté, comme ils laissent échapper le temps et l'existence.

Malgré cette mollesse de caractère, qui se fait remarquer sous le règne d'Auguste dans la plupart des poètes, on trouve en eux un grand nombre de beautés réfléchies. Ils ont emprunté des Grecs beaucoup d'inventions poétiques, que les modernes ont imitées à leur tour, et qui semblent devoir être à jamais les élémens de l'art. Mais ce qu'il y a de tendre et de philosophique dans les poètes latins, eux seuls en ont la gloire.

L'amour de la campagne, qui a inspiré tant de beaux vers, prend chez les Romains un autre caractère que chez les Grecs. Ces deux peuples se plaisent également dans les images qui conviennent aux mêmes climats. Ils invoquent, ils rappellent avec délices la fraîcheur de la nature, pour échapper à leur soleil dévorant; mais les Romains demandent de plus à la campagne un abri contre la tyrannie, c'étoit pour se reposer des sentimens pénibles, c'étoit pour oublier un joug avilissant, qu'ils se retiroient loin des cités habitées. Des réflexions morales se mêlent à leur poésie descriptive; on croit appercevoir des regrets et des souvenirs dans tout ce que les poètes écrivoient alors; et c'est sans doute par cette raison qu'ils réveillent plus que les Grecs une impression sensible dans notre ame. Les Grecs vivoient dans l'avenir, et les Romains aimoient déjà, comme nous, à porter leurs regards sur le passé.

Aussi long-temps que dura la république, il y eut de la délicatesse dans les affections des Romains pour les femmes. Elles n'avoient point encore l'existence indépendante que leur assurent les loix modernes: mais reléguées avec les dieux pénates, elles inspiroient, comme ces divinités domestiques, quelques sentimens religieux. Les écrivains qui ont existé pendant la république, ne s'étant jamais permis d'exprimer les affections qu'ils éprouvoient, c'est dans le court passage des mœurs les plus sévères à la plus effroyable corruption, que les poètes latins ont montré une sensibilité plus touchante que celle qu'on peut trouver dans aucun ouvrage grec. On se rappeloit encore, sous le règne d'Auguste, l'austérité républicaine, et la peinture de l'amour empruntoit quelques charmes des souvenirs de la vertu (1).

Des vers de Tibulle à Délie, le quatrième chant de l'Enéide, Ceyx et Alcione, Philémon et Baucis, peignent les sentimens de l'ame avec cette langue des Latins dont le caractère est si imposant. Quelle impression

---

(1) Je cite au hasard deux traits qui peuvent confirmer ce que je dis de la sensibilité des poètes latins. Lorsque les dieux voyageurs demandent à Philémon, dans les Métamorphoses d'Ovide, ce que Baucis et lui souhaitent de la faveur du ciel; Philémon lui répond:

| Poscimus, et quoniam concordes egimus annos, Auferat hora duos eadem; nec conjugis unquam Busta meæ videam; neu sim tumulandus ab illa. | Comme nous avons passé ensemble des années toujours d'accord, nous demandons que la même heure termine notre carrière, que je ne voie jamais le tombeau de mon épouse, et que je ne sois point enseveli par elle. |

Je choisis dans Virgile, le poète du monde où l'on peut trouver le plus de vers sensibles, ceux qui peignent la tendresse paternelle; car il faut pour attendrir, sans employer la langue de l'amour, une sensibilité beaucoup plus profonde. Evandre, en disant

ne produit-elle pas, cette langue créée pour la force et la raison, alors qu'on la consacre à l'expression de la tendresse? C'est une puissance majestueuse qui vous émeut d'autant plus en s'abandonnant aux mouvemens de la nature, que vous êtes plus accoutumés à la respecter. Cependant le langage vrai d'une sensibilité profonde et passionnée est extrê-

---

adieu à son fils Pallas, prêt à partir pour la guerre, s'adresse au ciel en ces termes :

At vos, ô superi, et divûm tu maxime rector Juppiter, Arcadii, quæso, miserescite regis, Et patrias audite preces. Si numina vestra Incolumem Pallanta mihi, si fata reservant; Si visurus eum vivo, et venturus in unum : Vitam oro : patiar quemvis durare laborem. Sin aliquem infandum casum, Fortuna, minaris; Nunc ô, nunc liceat crudelem abrumpere vitam : Dum curæ ambiguæ, dum spes incerta futuri ; Dum te, care puer, mea sera et sola voluptas, Complexu teneo : gravior ne nuntius aures Vulneret.	Mais vous, ô divinités suprêmes! et toi, maître des dieux, Jupiter, ayez pitié du roi d'Arcadie, écoutez les prières paternelles. Si votre volonté, si celle des destins me réservent Pallas, si je dois le revoir et l'embrasser encore, je vous demande de vivre. Je supporterai la peine, quelle que soit sa durée. Mais si le sort le menace de quelque accident funeste, ô dieux! qu'il me soit permis maintenant de briser ma vie malheureuse, tandis que des inquiétudes douteuses, tandis que l'espérance incertaine de l'avenir m'agitent, tandis que je t'embrasse encore, toi mon enfant, toi la seule volupté du soir de ma vie, qu'il me soit permis de mourir, de peur qu'un messager cruel ne déchire mon cœur.....

mement rare, même chez les Romains du siècle d'Auguste. Le systême d'Epicure, le dogme du fatalisme, les mœurs de l'antiquité avant l'établissement de la religion chrétienne, dénaturent presque entièrement ce qui tient aux affections du cœur.

Ovide introduisit, par plusieurs de ses écrits, une sorte de recherche, d'affectation et d'antithèse dans la langue de l'amour, qui en éloignoit tout-à-fait la vérité. Il rappelle, à cet égard, le mauvais goût du siècle de Louis XIV. La manie d'exercer son esprit à froid sur les sentimens du cœur, doit produire par-tout des résultats à-peu-près semblables, malgré la différence des temps. Mais cette affectation est le défaut de l'esprit d'Ovide ; il ne rappelle en rien le caractère général de l'antiquité.

Ce qui manque aux anciens dans la peinture de l'amour, est précisément ce qui leur manque en idées morales et philosophiques. Lorsque je parlerai de la littérature des modernes, et en particulier de celle du dix-huitième siècle, où l'amour a été peint dans Tancrède, la nouvelle Héloïse, Werther et les poètes anglais, etc., je montrerai comment le talent exprime avec d'autant plus de force et de chaleur les affections sensibles, que la réflexion et la philosophie ont élevé plus haut la pensée.

On a fait trop souvent la comparaison du siècle de Louis XIV avec celui d'Auguste, pour qu'il soit possible de la recommencer ici ; mais je développerai seulement une observation importante pour le système de perfectibilité que je soutiens. Descartes, Bayle, Pascal, Molière, Labruyère, Bossuet, les philosophes anglais qui appartiennent aussi à la même époque de l'histoire des lettres, ne permettent d'établir aucune parité entre le siècle de Louis XIV et celui d'Auguste, pour les progrès de l'esprit humain. Néanmoins on se demande pourquoi les anciens, et sur-tout les Romains, ont possédé des historiens tellement parfaits, qu'ils n'ont été jamais égalés par les modernes, et en particulier pourquoi les Français n'ont aucun ouvrage complet à présenter en ce genre.

J'analyserai, dans le chapitre sur le siècle de Louis XIV, les causes de la médiocrité des Français, comme historiens. Mais je dois présenter ici quelques réflexions sur les causes de la supériorité des anciens dans le genre de l'histoire, et je crois que ces réflexions prouveront que cette supériorité n'est point en contradiction avec les progrès successifs de la pensée.

Il existe des histoires appelées avec raison histoires philosophiques, il en existe d'autres dont le mérite consiste dans la vérité des tableaux, la chaleur des récits et la beauté du langage; c'est dans ce dernier genre que les historiens grecs et latins se sont illustrés.

On a besoin d'une plus profonde connoissance de l'homme pour être un grand moraliste, que pour devenir un bon historien. Tacite est le seul écrivain de l'antiquité qui ait réuni ces deux qualités à un degré presque égal. Les souffrances et les craintes attachées à la servitude avoient hâté sa réflexion, et son expérience étoit plus âgée que le monde. Tite-Live, Salluste, des historiens d'un ordre inférieur, Florus, Cornelius Népos, etc. nous charment par la grandeur et la simplicité des récits, par l'éloquence des harangues qu'ils prêtent à leurs grands hommes, par l'intérêt dramatique qu'ils savent donner à leurs tableaux. Mais ces historiens ne peignent, pour ainsi dire, que l'extérieur de la vie. C'est l'homme tel qu'on le voit, tel qu'il se montre; ce sont les fortes couleurs, les beaux contrastes du vice et de la vertu; mais on ne trouve dans l'histoire ancienne, ni l'analyse philosophique des impressions morales, ni l'observation approfondie des caractères, ni les symptômes inapperçus des affections de l'ame. La vue intellectuelle de Montagne va bien plus loin que celle d'aucun écrivain de l'antiquité. On ne desire point, il est vrai, ce genre de supériorité dans l'histoire; il faut que la nature humaine y soit représentée seulement dans son ensemble, il faut que les héros y restent grands, qu'ils paroissent tels à travers les siècles. Les moralistes découvrent des foiblesses, qui sont les ressemblances cachées de tous les hommes entr'eux: l'historien doit prononcer fortement leurs différences. Les anciens, qui se complaisoient dans l'admiration, qui ne cherchoient point à diminuer l'odieux du vice, ni le mérite de la vertu, avoient une qualité presque aussi nécessaire à l'intérêt de la vérité qu'à celui de la fiction ; ils étoient fidèles à l'enthousiasme comme au mépris, et souvent même les caractères étoient plus soutenus dans leurs tableaux historiques que dans leurs ouvrages d'imagination.

Peut-on oublier d'ailleurs quel avantage prodigieux les historiens anciens avoient sur les historiens modernes par la nature même des faits qu'ils racontent ? Le gouvernement républicain donne aux hommes, comme aux événemens, un grand caractère; et des siècles de monarchie despotique ou de guerres féodales, n'inspirent pas autant d'intérêt que l'histoire d'une ville libre. Suétone qui a fait l'histoire du règne des empereurs, Ammien Marcellin, Velléius Paterculus, dans la dernière partie de son histoire, ne peuvent être comparés en rien à aucun de ceux qui ont écrit les siècles de la république, et si Tacite a su les surpasser tous, c'est parce que l'indignation républicaine vivoit dans son ame, et que ne regardant pas le gouvernement des empereurs comme légal, n'ayant besoin de l'autorisation d'aucun pouvoir pour publier ses livres, son esprit n'étoit point soumis aux préjugés naturels ou commandés qui ont asservi tous les historiens modernes jusqu'à ce siècle.

C'est à ces diverses considérations qu'il faut attribuer la supériorité des anciens dans le genre de l'histoire : cette supériorité tient principalement à cet art de peindre et de raconter qui suppose le mouvement, l'intérêt, l'imagination, mais non la connoissance intime des secrets du cœur humain, ou des causes philosophiques des événemens (1). Comment les anciens auroient-ils pu la posséder, en effet, à l'égal de ceux que des siècles et des générations multipliés ont instruits par de nouveaux

---

(1) Il est remarquable, par exemple, qu'aucun historien, que Tacite lui-même ne nous dise pas par quels moyens, par quelle opinion, par quel ressort social les plus atroces et les plus stupides empereurs gouvernoient Rome sans rencontrer aucun obstacle, même pendant leur absence. Tibère de l'île de Caprée, Caligula du fond de la Bretagne, &c. que de questions philosophiques l'on pourroit faire aux meilleurs historiens de l'antiquité, dont ils n'ont pas résolu une seule ?

exemples, et qui peuvent contempler dans la longue histoire du passé, tant de crimes, tant de revers, tant de souffrances de plus !

CHAPITRE VII.

De la Littérature latine, depuis la mort d'Auguste jusqu'au règne des Antonins.

Après le siècle de Louis XIV, et pendant le siècle de Louis XV, la philosophie a fait de grands progrès, sans que la poésie ni le goût littéraire se soient perfectionnés. On peut observer une marche à-peu-près pareille depuis Auguste jusqu'aux Antonins, avec cette différence cependant, que les empereurs qui ont régné pendant ce temps, ayant été des monstres abominables, l'empire n'a pu se soutenir, l'esprit général a dû se dégrader, et un très-petit nombre d'hommes ont conservé la force d'esprit nécessaire, pour se livrer aux études philosophiques et littéraires.

Le règne d'Auguste avoit avili les ames; un repos sans dignité avoit presque effacé jusqu'aux souvenirs des vertus courageuses auxquelles Rome devoit sa grandeur. Horace ne rougissoit point de publier lui-même dans ses vers qu'il avoit fui le jour d'une bataille. Cicéron et Ovide supportèrent tous les deux difficilement le malheur de l'exil. Mais quelle différence dans la démonstration de leurs regrets ! Les Tristes d'Ovide sont remplis des témoignages les plus foibles d'une douleur abattue, des flatteries les plus basses pour son persécuteur ; et Cicéron, dans l'intimité même de sa correspondance avec Atticus, contient et ennoblit de mille manières la peine que lui cause son injuste bannissement. Ce n'est pas seulement à la diversité des caractères, c'est à celle des temps qu'il faut attribuer de telles dissemblances. L'opinion qui domine est un centre avec lequel les individus conservent toujours de certains rapports ; et l'esprit général du siècle, s'il ne change pas le caractère, modifie les formes que l'on choisit pour le montrer.

Après le règne florissant d'Auguste, on vit naître les plus féroces et les plus grossières tyrannies dont l'antiquité nous ait offert l'exemple. L'excès du malheur retrempa les ames ; le joug tranquille énervoit les esprits supérieurs, ainsi que la multitude ; les fureurs de la cruauté, long temps souffertes, avilirent encore davantage la masse de la nation, mais quelques hommes éclairés se relevèrent de cet abattement général, et ressentirent plus que jamais le besoin de la philosophie stoïcienne.

Sénèque (que je ne juge ici que par ses ouvrages), Tacite, Epictète, Marc-Aurèle, quoique dans des situations différentes, et avec des caractères que l'on ne peut comparer, furent tous inspirés par l'indignation contre le crime. Leurs écrits en latin et en grec ont un caractère tout-à-fait distinct de celui des littérateurs du temps d'Auguste ; ils ont plus de force et plus de concision, que les philosophes républicains eux-mêmes. La morale de Cicéron a pour but principal l'effet que l'on doit produire sur les autres, celle de Sénèque, le travail qu'on peut opérer sur soi ; l'un cherche une honorable puissance, l'autre un asyle contre la douleur ; l'un veut animer la vertu, l'autre combattre le crime ; l'un ne considère l'homme que dans ses rapports avec les intérêts de son pays, l'autre qui n'avoit plus de patrie, s'occupe des relations privées. Il y a plus de mélancolie dans Sénèque, et plus d'émulation dans Cicéron.

Quand ce sont les tyrans qui menacent de la mort, les philosophes, contraints à supporter ce que la nature a de plus terrible et ce que le crime a de plus atroce, ne pouvant agir au-dehors d'eux-mêmes, étudient plus intimement les mouvemens de l'ame. Les écrivains de la troisième époque de la littérature latine, n'avoient pas encore atteint à la connoissance parfaite, à l'observation philosophique des caractères, telle qu'on la voit dans Montaigne et Labruyère ; mais ils en savoient déjà plus sur eux-mêmes : l'oppression avoit renfermé leur génie dans leur propre sein.

La tyrannie, comme tous les grands malheurs publics, peut servir au développement de la philosophie ; mais elle porte une atteinte funeste à la littérature, en étouffant l'émulation et en dépravant le goût.

On a prétendu que la décadence des arts, des lettres et des empires devoit arriver nécessairement, après un certain degré de splendeur. Cette idée manque de justesse ; les arts ont un terme, je le crois, au-delà duquel ils ne s'élèvent pas; mais ils peuvent se maintenir à la hauteur à laquelle ils sont parvenus; et dans toutes les connoissances susceptibles de progression, la nature morale tend à se perfectionner. L'amélioration précédente est une cause de l'amélioration future; cette chaîne peut être interrompue par des événemens accidentels qui contrarient les progrès à venir, mais qui ne sont point la conséquence des progrès antérieurs.

Les écrivains du temps des empereurs, malgré les affreuses circonstances contre lesquelles ils avoient à lutter, sont supérieurs, comme philosophes, aux écrivains du siècle d'Auguste. Le style des auteurs latins, dans la troisième époque de leur littérature, a moins d'élégance et de pureté : la délicatesse du goût ne pouvoit se conserver sous des maîtres si grossiers et si féroces. La multitude s'avilissoit par la flatterie imitatrice des mœurs du tyran ; et le petit nombre des hommes distingués, communiquant difficilement entr'eux, ne pouvoient établir cette opinion critique, cette législation littéraire, qui trace une ligne positive entre l'esprit et la recherche, entre l'énergie et l'exagération.

Sous la tyrannie des empereurs, il n'étoit ni permis ni possible de remuer le peuple par l'éloquence; les ouvrages philosophiques et littéraires n'avoient point d'influence sur les événemens publics. On ne trouve donc point, dans les écrits de ce temps, le caractère qu'imprime toujours l'espoir d'être utile, cette juste mesure, qui a pour but de déterminer une action, d'amener par la parole un résultat actuel et positif. Il faut donner de l'amusement à l'esprit, pour être lu par des hommes isolés entr'eux, et dont l'ambition ne peut rien faire ni rien attendre de la pensée. Il est possible que, dans une telle situation, les écrivains tombent dans l'affectation, parce qu'il leur importe trop de rendre piquantes les formes de leur style. Sénèque et Pline le jeune en particulier, ne sont pas à l'abri de ce défaut.

On peut aussi manquer de goût, comme Juvénal, lorsqu'on essaie, par tous les moyens possibles, de réveiller l'horreur du crime dans une nation engourdie. La pensée de l'auteur, souillée par l'histoire de son temps, ne peut s'astreindre à cette pureté d'expressions, qui doit toujours servir à peindre les images même les plus révoltantes. Mais ces défauts, qu'on ne peut nier, ne doivent pas empêcher de reconnoître que la troisième époque de la littérature romaine est illustrée par des penseurs plus profonds que tous ceux qui les avoient précédés.

Il y a plus d'idées fines et neuves dans le traité de Quintilien, sur l'art oratoire, que dans les écrits de Cicéron, sur le même sujet. Quintilien a réuni ses propres pensées à celles de Cicéron; il part du point où Cicéron s'est arrêté. La philosophie de Sénèque pénètre plus avant dans le cœur de l'homme. Pline l'ancien est l'écrivain de l'antiquité qui a le plus approché de la vérité dans les sciences. Tacite, sous tous les rapports, l'emporte de beaucoup sur les meilleurs historiens latins.

Les premiers qui écrivent et parlent une belle langue, se laissent charmer par l'harmonie des phrases; et Cicéron, ni ses auditeurs, ne sentoient pas encore le besoin d'un style plus fort d'idées. Mais en avançant dans la littérature, on se blase sur les jouissances de l'imagination, l'esprit devient plus avide d'idées abstraites, la pensée se généralise, les rapports des hommes entr'eux se multiplient avec les siècles, la variété des circonstances fait naître et découvrir des combinaisons nouvelles, des apperçus plus profonds ; la réflexion hérite du temps. C'est ce genre de progression qui se fait sentir dans les écrivains de la dernière époque de la littérature latine, malgré les causes locales qui luttoient alors contre la marche naturelle de l'esprit humain.

A l'honneur du peuple romain, les arts d'imagination tombèrent presque entièrement pendant la tyrannie des empereurs. Lucain n'écrivit que pour ranimer par de grands souvenirs les cendres de la république ; et sa mort attesta le péril d'un si beau dessein. Vainement la plupart des féroces empereurs de Rome montrèrent-ils un goût excessif pour les jeux et pour les spectacles ; aucune pièce de théâtre digne d'un succès durable ne parut sous leur règne, aucun chant poétique ne nous est resté des honteux loisirs de la servitude. Les hommes de lettres d'alors n'ont point décoré la tyrannie ; et la seule occupation à laquelle on se soit livré sous ces maîtres détestables, c'est à l'étude de la philosophie et de l'éloquence ; on s'exerçoit aux armes qui pouvoient servir à renverser l'oppression même.

Les flatteries ont souillé les écrits de quelques philosophes de ce temps ; et leurs réticences même étoient honteuses. Néanmoins, l'ignorance où l'on étoit alors de la découverte de l'imprimerie étoit favorable, à quelques égards, à la liberté d'écrire ; les livres étoient moins surveillés par le despotisme, lorsque les moyens de publicité étoient infiniment restreints. Les écrits polémiques, ceux qui doivent agir sur l'opinion du moment et sur l'événement du jour, n'auroient jamais pu être d'aucune utilité, d'aucune influence avant l'usage de la presse ; ils n'auroient jamais été assez répandus pour produire un effet populaire : la tribune seule pouvoit atteindre à ce but ; mais on ne composoit jamais un ouvrage, que sur des idées générales ou des faits antérieurs propres à l'enseignement des générations. Les tyrans étoient donc beaucoup plus indifférens que de nos jours à la liberté d'écrire ; la postérité n'étant pas de leur domaine, ils laissoient assez volontiers les philosophes s'y refugier.

On se demande comment, à cette époque, les sciences exactes n'ont pas fait plus de progrès, comment il est arrivé que presqu'aucun Romain ne s'y soit consacré. C'est sous la tyrannie que ces recherches indépendantes ont souvent captivé les esprits, qui ne vouloient ni se révolter ni s'avilir. Peut-être que les dangers qui menaçoient alors tous les hommes distingués étoient trop imminens pour leur laisser le loisir nécessaire à de tels travaux ; peut-être aussi les Romains avoient-ils conservé trop d'indignation républicaine, pour pouvoir distraire entièrement leur attention de la destinée de leur pays. Les pensées philosophiques se rallient à tous les sentimens de l'ame ; les sciences vous transportent dans un tout autre ordre d'idées. Enfin à cette époque, comme on n'avoit pas découvert la véritable méthode qu'il faut suivre dans l'étude de la nature physique, l'émulation n'étoit point excitée dans une carrière, où de grands succée n'avoient point encore été obtenus.

Une des causes de la destruction des empires dans l'antiquité, c'est l'ignorance de plusieurs découvertes importantes dans les sciences ; ces découvertes ont mis plus d'égalité entre les nations, comme entre les hommes. La décadence des empires n'est pas plus dans l'ordre naturel, que celle des lettres et des lumières. Mais avant que toute l'Europe fût civilisée, avant que le systême politique et militaire et l'emploi de l'artillerie eussent balancé les forces, enfin avant l'imprimerie, l'esprit national, les lumières nationales devoient être aisément la proie des barbares, toujours plus aguerris que les autres hommes. Si l'imprimerie avoit existé, les lumières et l'opinion publique acquérant chaque jour plus de force, le caractère des Romains se seroit conservé, et avec lui la nation et la république ; on n'auroit pas vu disparoître de la terre, ce peuple qui aimoit la liberté sans insubordination, et la gloire sans jalousie ; ce peuple qui, loin d'exiger qu'on se dégradât pour lui plaire, s'étoit élevé lui-même jusqu'à la juste appréciation des vertus et des talens pour les honorer par son estime ; ce peuple dont l'admiration étoit dirigée par les lumières, et que les lumières cependant n'ont jamais blasé sur l'admiration.

L'esprit humain, et sur-tout l'émulation patriotique, seroient entièrement découragés, s'il étoit prouvé qu'il est de nécessité morale, que les nations fameuses s'éclipsent du monde après l'avoir éclairé quelque temps. Cette succession de peuples détrônés n'est point une inévitable fatalité. En étudiant les sublimes réflexions de Montesquieu, sur les causes de la décadence des Romains, on voit évidemment que la plupart de ces causes n'existent plus de nos jours.

La moitié de l'Europe, non encore civilisée, devoit enfin envahir l'autre. Il falloit que les avantages de la société devinssent universels ; car tout dans la nature tend au niveau : mais les douceurs de la vie privée, la diffusion des lumières, les relations commerciales établissant plus de parité dans les jouissances, appaiseront par degré les sentimens de rivalité entre les nations.

Les crimes inouis dont l'empire romain a été le théâtre, sont l'une des principales causes de sa décadence. La désorganisation de l'opinion publique pouvoit seule permettre de tels excès (1). Si l'on en excepte les années de la terreur en France, l'atrocité n'est pas dans la nature des mœurs européennes de ce siècle. L'esclavage qui mettoit une classe d'hommes hors des devoirs de la morale, le petit nombre des moyens qui pouvoient servir à l'instruction générale, la diversité des sectes philosophiques qui jetoit dans les esprits de l'incertitude sur le juste et l'injuste, l'indifférence pour la mort, indifférence qui commence par le courage et finit par tarir les sources naturelles

---

(1) Lorsque Caligula étoit allé faire la guerre en Bretagne, il envoya Protogènes, l'un de ses affidés, au sénat. Scribonius, sénateur, s'approcha de Protogènes pour lui dire quelques phrases de salutations sur son arrivée; Protogènes élevant la voix, lui répondit: « Comment un ennemi de l'empereur se » permet-il de m'adreser un compliment » ? Les sénateurs entendant ces paroles, se jetèrent sur Scribonius; et comme ils n'avoient point d'armes, ils le tuèrent à coups de canif. Ce trait surpasse certainement tout ce que l'histoire moderne a jamais raconté d'intrépide en fait de bassesse.

de la sympathie; tels étoient les divers principes de la cruauté sauvage qui a existé parmi les Romains.

Une corruption dégoûtante, et qui fait autant frémir la nature que la morale, acheva de dégrader ce peuple jadis si grand. Les nations du midi tombèrent dans l'avilissement, et cet avilissement prépara le triomphe des peuples du nord. La civilisation de l'Europe, l'établissement de la religion chrétienne, les découvertes des sciences, la publicité des lumières ont posé de nouvelles barrières à la dépravation, et détruit d'anciennes causes de barbarie. Ainsi donc la décadence des nations, et par conséquent celle des lettres, est maintenant beaucoup moins à craindre. C'est ce que le chapitre suivant achèvera, je crois, de démontrer.

CHAPITRE VIII.

De l'invasion des Peuples du Nord, de l'établissement de la Religion Chrétienne et de la renaissance des Lettres.

On compte dans l'histoire plus de dix siècles, pendant lesquels l'on croit assez généralement que l'esprit humain a rétrogradé. Ce seroit une forte objection contre le système de progression dans les lumières, qu'un si long cours d'années, qu'une portion si considérable des temps qui nous sont connus, pendant lesquels le grand œuvre de la perfectibilité sembleroit avoir reculé; mais cette objection, que je regarderois comme toute-puissante, si elle étoit fondée, peut se réfuter d'une manière simple. Je ne pense pas que l'espèce humaine ait rétrogradé pendant cette époque; je crois, au contraire, que des pas immenses ont été faits dans le cours de ces dix siècles, et pour la propagation des lumières, et pour le développement des facultés intellectuelles.

En étudiant l'histoire, il me semble qu'on acquiert la conviction, que tous les événemens principaux tendent au même but, la civilisation universelle. L'on voit que, dans chaque siècle, de nouveaux peuples ont été admis au bienfait de l'ordre social, et que la guerre, malgré tous ses désastres, a souvent étendu l'empire des lumières. Les Romains ont civilisé le monde qu'ils avoient soumis. Il falloit que d'abord la lumière partît d'un point brillant, d'un pays de peu d'étendue, comme la Grèce; il falloit que, peu de siècles après, un peuple de guerriers réunît sous les mêmes loix une partie du monde pour la civiliser, en la conquérant. Les nations du nord, en faisant disparoître pendant quelque temps les lettres et les arts qui régnoient dans le midi, acquirent néanmoins quelques-unes des connoissances que possédoient les vaincus; et les habitans de plus de la moitié de l'Europe, étrangers jusqu'alors à la société civilisée, participèrent à ses avantages. Ainsi le temps nous découvre un dessein, dans la suite d'événemens qui sembloient n'être que le pur effet du hasard; et l'on voit surgir une pensée, toujours la même, de l'abîme des faits et des siècles.

L'invasion des barbares fut sans doute un grand malheur pour les nations contemporaines de cette révolution; mais les lumières se propagèrent par cet événement même. Les habitans énervés du midi, se mêlant avec les hommes du nord, empruntèrent d'eux une sorte d'énergie, et leur donnèrent une sorte de souplesse, qui devoit servir à compléter les facultés intellectuelles, La guerre, pour de simples intérêts politiques, entre des peuples également éclairés, est le plus funeste fléau que les passions humaines aient produit; mais la guerre, mais la leçon éclatante des événemens peut quelquefois faire adopter de certaines idées par la rapide autorité de la puissance.

Plusieurs écrivains ont avancé que la religion chrétienne étoit la cause de la dégradation des lettres et de la philosophie; je suis convaincue que la religion chrétienne, à l'époque de son établissement, étoit indispensablement nécessaire à la civilisation et au mélange de l'esprit du nord avec les mœurs du midi. Je crois de plus que les méditations religieuses du christianisme, à quelque objet qu'elles aient été appliquées, ont développé les facultés de l'esprit pour les sciences, la métaphysique et la morale.

Il est de certaines époques de l'histoire, dans lesquelles l'amour de la gloire, la puissance du dévouement, tous les sentimens énergiques, enfin, semblent ne plus exister. Quand l'infortune est générale dans un pays, l'égoïsme est universel, une portion quelconque de bonheur est un élément nécessaire de la force nationale, et l'adversité n'inspire du courage aux individus atteints par elle, qu'au milieu d'un peuple assez heureux, pour avoir conservé la faculté d'admirer ou de plaindre. Mais quand tous sont également frappés par le malheur, l'opinion publique ne soutient plus personne : il reste des jours, mais il n'y a plus de but pour la vie. On perd en soi-même toute émulation, et les plaisirs de la volupté deviennent le seul intérêt d'une existence sans gloire, sans honneur et sans morale; tel on nous peint l'état des hommes du midi sous les chefs du bas empire.

Une autre nation, non moins éloignée des

vrais principes de la vertu, vint conquérir cette nation avilie. La férocité guerrière, l'ignorance dominatrice, offroient à l'homme épouvanté des crimes opposés aux bassesses du midi, mais plus redoutables dans leurs effets, quoique moins corrompus dans leur source. Pour dompter de tels conquérans, pour relever de tels vaincus, il falloit l'enthousiasme, noble puissance de l'ame, l'égarant quelquefois, mais pouvant seule combattre avec succès l'instinct habituel de l'amour de soi, et la personnalité toujours croissante. Il falloit ce sentiment, qui fait trouver le bonheur dans le sacrifice de soi-même.

Certes, je ne veux pas affoiblir l'indignation qu'inspirent aujourd'hui les crimes et les folies de la superstition ; mais je considère chaque grande époque de l'histoire philosophique de la pensée, relativement à l'état de l'esprit humain dans cette époque même; et la religion chrétienne, lorsqu'elle a été fondée, étoit, ce me semble, nécessaire aux progrès de la raison.

Les peuples du nord n'attachoient point de prix à la vie. Cette disposition les rendoit courageux pour eux-mêmes, mais cruels pour les autres. Ils avoient de l'imagination, de la mélancolie, du penchant à la mysticité, mais un profond mépris pour les lumières, comme affoiblissant l'esprit guerrier. Les femmes étoient plus instruites que les hommes, parce qu'elles avoient plus de loisir qu'eux; ils les aimoient, ils leur étoient fidèles, ils leur rendoient un culte. Ils pouvoient éprouver quelque sensibilité par l'amour. La force, la loyauté guerrière, la vérité, comme attribut de la force, étoient les seules idées qu'ils eussent jamais conçues de la vertu. Ils plaçoient dans le ciel les délices de la vengeance. En montrant leurs fronts cicatrisés, en comptant le nombre des ennemis dont ils avoient versé le sang, ils croyoient captiver le cœur des femmes. Ils offroient des victimes humaines à leurs maîtresses comme à leurs dieux. Leur climat sombre n'offroit à leur imagination que des orages et des ténèbres, ils désignoient la révolution des jours par le calcul des nuits, celle des années par les hivers. Les géans de la gelée présidoient à leurs exploits. Le déluge, dans leurs traditions, c'étoit la terre inondée de sang. Ils croyoient que, du haut du ciel, Odin les animoit au carnage. Le dogme des peines et des récompenses n'avoit pour but que d'encourager ou de punir les actions de la guerre. L'homme naissoit pour immoler l'homme. La vieillesse étoit méprisée, l'étude avilie, l'humanité ignorée. Les facultés de l'ame n'avoient qu'un seul usage parmi ces hommes, c'étoit d'accroître la puissance physique. La guerre étoit leur unique but.

Voilà de quels élémens il falloit faire sortir cependant la moralité des actions, la douceur des sentimens et le goût des lettres.

Le travail à opérer sur les peuples du midi n'étoit pas d'une difficulté moins grande. Le caractère romain, ce miracle de l'orgueil national et des institutions politiques, n'existoit plus : les habitans de l'Italie étoient dégoûtés de toute idée de gloire ; ils ne croyoient plus qu'à la volupté, ils admettoient tous les dieux en l'honneur desquels on célébroit des fêtes ; ils recevoient tous les maîtres que quelques soldats élevoient ou renversoient à leur gré ; sans cesse menacés d'une proscription arbitraire, ils bravoient la mort, non par le secours du courage, mais par l'étourdissement du vice. La mort n'interrompoit point des projets illustres, ni la progression d'utiles pensées ; elle ne brisoit point des liens chéris, elle n'arrachoit point à des affections profondes ; elle empêchoit seulement de goûter le lendemain l'amusement qui peut-être avoit déjà fatigué la veille. La corruption universelle avoit effacé jusqu'au souvenir de la vertu. Qui auroit voulu la rappeler n'auroit obtenu qu'un étonnement mêlé de blâme. La nature morale de l'homme du midi se perdoit toute entière dans les jouissances de la volupté, celle de l'homme du nord dans l'exercice de la force. Si quelque goût inné pour les lettres, les arts et la philosophie se trouvoit encore dans le midi, il étoit dirigé principalement vers les subtilités métaphysiques ; l'esprit sophistique mettoit en doute les vérités du raisonnement, et l'insouciance, les affections du cœur.

C'est au milieu de cet affaissement déplorable, dans lequel les nations du midi étoient tombées, que la religion chrétienne leur fit adopter l'empire du devoir, la volonté du dévouement et la certitude de la foi. Mais n'auroit-il pas mieux valu, dira-t-on, ramener à la vertu par la philosophie? Il étoit impossible à cette époque d'influer sur l'esprit humain sans le secours des passions. La raison les combat, les religions s'en servent.

Toutes les nations de la terre avoient soif de l'enthousiasme. Mahomet, en satisfaisant ce besoin, fit naître un fanatisme avec la plus étonnante facilité. Quoique Mahomet fût un grand homme, ses prodigieux succès tinrent aux dispositions morales de son temps; toutefois, sa religion n'étant destinée qu'aux peuples du midi, elle eut pour unique but de relever l'esprit militaire, en offrant les plaisirs pour récompense des exploits. Elle créa des conquérans; mais elle ne portoit en elle aucun germe de développement intellectuel. Le général-prophète ne s'étoit occupé que de l'obéissance; il n'avoit formé que des soldats. Le dogme de la fatalité, qui rend invincible à la guerre, abrutissoit pendant la paix. L'Islamisme fut stationnaire dans ses effets; il arrêta l'esprit humain, après l'avoir avancé de quelques pas. La religion chrétienne ayant un législateur, dont le premier but étoit de perfectionner la morale, devant réunir sous la même bannière des nations de mœurs opposées, la religion chrétienne étoit bien plus favorable à l'accroissement des vertus et des facultés de l'ame.

Pour s'emparer de caractères si différens, ceux du nord et ceux du midi, il falloit combiner ensemble plusieurs mobiles divers.

La religion chrétienne dominoit les peuples du nord, en se saisissant de leur disposition à la mélancolie, de leur penchant pour les images sombres, de leur occupation continuelle et profonde du souvenir et de la destinée des morts. Le paganisme n'avoit rien dans ses bases et dans ses principes, qui pût le rendre maître de tels hommes. Les dogmes de la religion chrétienne, l'esprit exalté de ses premiers sectaires, favorisoient et dirigeoient la tristesse passionnée des habitans d'un climat nébuleux: quelques-unes de leurs vertus, la vérité, la chasteté, la fidélité dans les promesses, étoient consacrées par des loix divines. La religion, sans altérer la nature de leur courage, parvint à lui donner un autre objet. Il étoit dans leurs mœurs de tout supporter pour s'illustrer à la guerre. La religion leur demandoit de braver les souffrances et la mort, pour la défense de sa foi et l'accomplissement de ses devoirs. L'intrépidité destructive fut changée en résolution inébranlable; la force qui n'avoit d'autre but que l'empire de la force, fut dirigée par des principes de morale. Les erreurs du fanatisme pervertirent souvent ces principes ; mais des hommes, jadis indomptables, reconnurent cependant une puissance au-dessus d'eux, des devoirs pour loix, des terreurs religieuses pour frein. L'homme foible put menacer l'homme fort, et l'on entrevit l'aurore de l'égalité dès cette époque.

Les peuples du midi, susceptibles d'enthousiasme, se vouèrent facilement à la vie contemplative, qui étoit d'accord avec leur climat et leurs goûts. Ils accueillirent les premiers avec ardeur les institutions monacales. Les macérations, les austérités furent promptement adoptées par une nation que la satiété même des voluptés jetoit dans l'exagération des observances religieuses. Dans ces têtes ardentes, aisément crédules, aisément fanatiques, germèrent toutes les superstitions et tous les crimes dont la raison a gémi. La religion leur fut moins utile qu'aux peuples du nord, parce qu'ils étoient beaucoup plus corrompus, et qu'il est plus facile de civiliser un peuple ignorant, que de relever de sa dégradation un peuple dépravé. Mais la religion chrétienne ranima cependant des principes de vie morale dans quelques hommes sans but et sans liens ; elle ne put leur rendre une patrie ; mais elle donna de l'énergie à plusieurs caractères. Elle porta vers le ciel des regards souillés par les vices de la terre. A travers toutes les folies du martyre, il resta dans quelques ames la force des sacrifices, l'abnégation de l'intérêt personnel, et une puissance d'abstraction et de pensée, dont on vit sortir des résultats utiles pour l'esprit humain.

La religion chrétienne a été le lien des peuples du nord et du midi ; elle a fondu, pour ainsi dire, dans une opinion commune des mœurs opposées ; et rapprochant des ennemis, elle en a fait des nations, dans lesquelles les hommes énergiques fortifioient le caractère des hommes éclairés, et les hommes éclairés développoient l'esprit des hommes énergiques.

Ce mélange s'est fait lentement, sans doute. La providence éternelle prodigue les siècles à l'accomplissement de ses desseins ; et notre existence passagère s'en irrite et s'en étonne : mais enfin les vainqueurs et les vaincus ont fini par n'être plus qu'un même peuple dans les divers pays de l'Europe, et la religion chrétienne y a puissamment contribué.

Avant d'analyser encore quelques autres avantages de la religion chrétienne, qu'il me soit permis de m'arrêter ici pour faire sentir un rapport qui m'a frappée entre cette époque et la révolution française.

Les nobles, ou ceux qui tenoient à cette première classe, réunissoient en général tous les avantages d'une éducation distinguée ; mais la prospérité les avoit amollis, et ils perdoient par degré les vertus qui pouvoient excuser leur prééminence sociale. Les hommes de la classe du peuple, au contraire, n'avoient encore qu'une civilisation grossière, et des mœurs que les loix contenoient, mais que la licence devoit rendre à leur férocité naturelle. Ils ont fait, pour ainsi dire, une invasion dans les classes supérieures de la société, et tout ce que nous avons souffert, et tout ce que nous condamnons dans la révolution, tient à la nécessité fatale qui a fait souvent confier la direction des affaires à ces conquérans de l'ordre civil. Ils ont pour but et pour bannière une idée philosophique ; mais leur éducation est à plusieurs siècles en arrière de celle des hommes qu'ils ont vaincus. Les vainqueurs, à la guerre et dans l'intérieur, ont plusieurs caractères de ressemblance avec les hommes du nord, les vaincus beaucoup d'analogie avec les lumières et les préjugés, les vices et la sociabilité des habitans du midi. Il faut que l'éducation des vainqueurs se fasse, il faut que les lumières qui étoient renfermées dans un très-petit nombre d'hommes s'étendent fort au-delà, avant que les gouvernans de la France soient tous entièrement exempts de vulgarité et de barbarie. L'on doit espérer que la civilisation de nos hommes du nord, que leur mélange avec nos hommes du midi, n'exigera pas dix à douze siècles. Nous marcherons plus vîte que nos ancêtres, parce qu'à la tête des hommes sans éducation il se trouve quelquefois des esprits remarquablement éclairés, parce que le siècle où nous vivons, la découverte de l'imprimerie, les lumières du reste de l'Europe doivent hâter les progrès de la classe nouvellement admise à la direction des affaires politiques; mais l'on ne sauroit prévoir encore par quel moyen la guerre des anciens possesseurs et des nouveaux conquérans sera terminée.

Heureux si nous trouvions, comme à l'époque de l'invasion des peuples du nord, un système philosophique, un enthousiasme vertueux, une législation forte et juste, qui fût, comme la religion chrétienne l'a été, l'opinion dans laquelle les vainqueurs et les vaincus pourroient se réunir!

Ce mélange, cette réconciliation du nord et du midi, qui fut un si grand soulagement pour le monde, n'est pas le seul résultat utile de la religion chrétienne. La destruction de l'esclavage lui est généralement attribuée. Il faut encore ajouter à cet acte de justice, deux bienfaits dont on doit reconnoître en elle ou la source ou l'accroissement, le bonheur domestique et la sympathie de la pitié.

Tout se ressentoit, chez les anciens, même dans les relations de famille, de l'odieuse institution de l'esclavage. Le droit de vie et de mort souvent accordé à l'autorité paternelle, les communs exemples du crime de l'exposition des enfans, le pouvoir des époux assimilé, sous beaucoup de rapports, à celui des pères, toutes les loix civiles enfin avoient quelque analogie avec le code abominable qui livroit l'homme à l'homme, et créoit entre les humains deux classes, dont l'une ne se croyoit aucun devoir envers l'autre. Cette base une fois adoptée, on n'arrivoit à la liberté que par gradation. Les femmes pendant toute leur vie, les enfans pendant leur jeunesse, étoient soumis à quelques conditions de l'esclavage.

Dans les siècles corrompus de l'empire romain, la licence la plus effrénée avoit arraché les femmes à la servitude par la dégradation; mais c'est le christianisme qui, du moins dans les rapports moraux et religieux, leur a accordé l'égalité. Le christianisme, en faisant du mariage une institution sacrée, a fortifié l'amour conjugal, et toutes les affections qui en dérivent. Le dogme de l'enfer et du paradis annonce les mêmes peines, promet les mêmes récompenses aux deux sexes. L'évangile qui commande des vertus privées, une destinée obscure, une humilité pieuse, offroit aux femmes autant qu'aux hommes les moyens d'obtenir la palme de la religion. La sensibilité, l'imagination, la foiblesse disposent à la dévotion. Les femmes devoient donc souvent surpasser les hommes, dans cette émulation de christianisme qui s'empara de l'Europe durant les premiers siècles de l'histoire moderne.

La religion et le bonheur domestique fixèrent la vie errante des peuples du nord; ils s'établirent dans une contrée, ils demeurèrent en société. La législation de la vie civile se réforma selon les principes de la religion. C'est donc alors que les femmes commencèrent à être de moitié dans l'association humaine. C'est alors aussi que l'on connut véritablement le bonheur domestique. Trop de puissance déprave la bonté, altère toutes les jouissances de la délicatesse; les vertus et les sentimens ne peuvent résister d'une part à l'exercice du pouvoir, de l'autre à l'habitude de la crainte. La félicité de l'homme s'accrut de toute l'indépendance qu'obtint l'objet de sa tendresse; il put se croire aimé; un être libre le choisit; un être libre obéit à ses desirs. Les apperçus de l'esprit, les nuances senties par le cœur se multiplièrent avec les idées et les impressions de ces ames nouvelles, qui s'essayoient à l'existence morale, après avoir long-temps langui dans la vie.

Les femmes n'ont point composé d'ouvrages véritablement supérieurs; mais elles n'en ont pas moins éminemment servi les progrès de la littérature, par la foule de pensées qu'ont inspirées aux hommes les relations entretenues avec ces êtres mobiles et délicats. Tous les rapports se sont doublés, pour ainsi dire, depuis que les objets ont été considérés sous un point de vue tout-à-fait nouveau. La confiance d'un lien intime en a plus appris sur la nature morale, que tous les traités et tous les systêmes qui peignoient l'homme tel qu'il se montre à l'homme, et non tel qu'il est réellement.

La pitié pour la souffrance devoit exister de tous les temps au fond du cœur : cependant une grande différence caractérise la morale des anciens, et la distingue de celle du christianisme; l'une est fondée sur la force, et l'autre sur la sympathie. L'esprit militaire, qui doit avoir présidé à l'origine des sociétés, se fait sentir encore jusques dans la philosophie stoïcienne; la puissance sur soi-même y est exercée, pour ainsi dire, avec une énergie guerrière. Le bonheur des autres n'est point l'objet de la morale des anciens; ce n'est pas les servir, c'est se rendre indépendant d'eux, qui est le but principal de tous les conseils des philosophes.

La religion chrétienne exige aussi l'abnégation de soi-même, et l'exagération monacale pousse même cette vertu fort au-delà de l'austérité philosophique des anciens; mais le principe de ce sacrifice dans la religion chrétienne, c'est le dévouement à son Dieu ou à ses semblables, et non, comme chez les stoïciens, l'orgueil et la dignité de son propre caractère. En étudiant le sens de l'évangile, sans y joindre les fausses interprétations qui en ont été faites, on voit aisément que l'esprit général de ce livre, c'est la bienfaisance envers les malheureux. L'homme y est considéré, comme devant recevoir une impression profonde par la douleur de l'homme.

Une morale toute sympathique étoit singulièrement propre à faire connoître le cœur humain; et quoique la religion chrétienne commandât, comme toutes les religions, de dompter ses passions, elle étoit beaucoup plus près que le stoïcisme de reconnoître leur puissance. Plus de modestie, plus d'indulgence dans les principes, plus d'abandon dans les aveux permettoient davantage au caractère de l'homme de se montrer; et la philosophie, qui a pour but l'étude des mouvemens de l'ame, a beaucoup acquis par la religion chrétienne.

La littérature lui doit beaucoup aussi dans tous les effets qui tiennent à la puissance de la mélancolie. La religion des peuples du nord leur inspiroit de tout temps, il est vrai, une disposition à quelques égards semblable; mais c'est au christianisme que les orateurs français sont redevables des idées fortes et sombres qui ont agrandi leur éloquence.

On a reproché à la religion chrétienne d'avoir affoibli les caractères ; l'évangile a eu pour but de combattre la férocité. Or il est impossible d'inspirer tout-à-la-fois beaucoup d'humanité pour ses semblables, et la plus complette insensibilité pour soi. Il falloit rendre au meurtre ses épouvantables couleurs, il falloit faire horreur du sang et de la mort; et la nature ne permet pas que la sympathie s'exerce toute entière au-dehors de nous. Le fanatisme, à diverses époques, étouffa les sentimens de douceur qu'inspiroit la religion chrétienne ; mais c'est l'esprit général de cette religion que je devois examiner; et de nos jours, dans les pays où la réformation est établie, on peut encore remarquer combien est salutaire l'influence de l'évangile sur la morale.

Le paganisme, tolérant par son essence, est regretté par les philosophes, quand ils le comparent au fanatisme que la religion chrétienne a inspiré. Quoique les passions fortes entraînent à des crimes, que l'indifférence n'eût jamais causés, il est des circonstances dans l'histoire, où ces passions sont nécessaires pour remonter les ressorts de la société. La raison, avec l'aide des siècles, s'empare de quelques effets de ces grands mouvemens ; mais il est de certaines idées que les passions font découvrir, et qu'on auroit ignorées sans elles. Il faut des secousses violentes pour porter l'esprit humain sur des objets entièrement nouveaux ; ce sont les tremblemens de terre, les feux souterrains, qui montrent aux regards de l'homme des richesses, dont le temps seul n'eût pas suffi pour creuser la route.

Je crois voir une preuve de plus de cette opinion, dans l'influence qu'a exercée sur les progrès de la métaphysique l'étude de la théologie. On a souvent considéré cette étude comme l'emploi le plus oisif de la pensée, comme l'une des principales causes de la barbarie des premiers siècles de notre ère. Néanmoins c'est un genre d'effort intellectuel, qui a singulièrement développé les facultés de l'esprit. Si l'on ne juge le résultat d'un tel travail, que dans ses rapports avec les arts d'imagination, rien ne peut en donner une idée plus défavorable. La noblesse, l'élégance, la grace des formes antiques sembloient devoir disparoître à jamais, sous les pédantesques erreurs des écrivains théologiques. Mais le genre d'esprit qui rend propre à l'étude des sciences, se formoit par les disputes sur les dogmes, quoique leur objet fût aussi puérile qu'absurde.

L'attention et l'abstraction sont les véritables puissances de l'homme penseur ; ces facultés seules peuvent servir aux progrès de l'esprit humain. L'imagination, les talens qui en dérivent ne raniment que les souvenirs ; mais c'est uniquement par la méthode métaphysique qu'on peut atteindre aux idées vraiment nouvelles. Les dogmes spirituels exerçoient les hommes à la conception des pensées abstraites ; et la longue contention d'esprit, qu'exigeoit l'enchaînement des subtiles conséquences de la théologie, rendoit la tête propre à l'étude des sciences exactes. Comment se fait-il, dira-t-on, qu'approfondir l'erreur puisse jamais servir à la connoissance de la vérité? C'est que l'art du raisonnement, la force de méditation qui permet de saisir les rapports les plus métaphysiques, et de leur créer un lien, un ordre, une méthode, est un exercice utile aux facultés pensantes, quel que soit le point d'où l'on part et le but où l'on veut arriver.

Sans doute, si les facultés développées dans ce genre de travail n'avoient point été depuis dirigées sur d'autres objets, il n'en fût résulté que du malheur pour le genre humain ; mais quand on voit, à la renaissance des lettres, la pensée prendre tout-à-coup un si grand essor, les sciences avancer en peu de temps d'une manière si étonnante, on est conduit à croire que, même en faisant fausse route, l'esprit acquéroit des forces, qui ont hâté ses pas dans la véritable carrière de la raison et de la philosophie.

Quelques hommes peuvent se livrer par goût à l'étude des idées abstraites; mais le grand nombre n'y est jamais jeté que par un intérêt de parti. Les connoissances politiques avoient fait de grands progrès dans les premières années de la révolution française, parce qu'elles servoient l'ambition de plusieurs, et agitoient la vie de tous. Les questions théologiques, dans leur temps, avoient été l'objet d'un intérêt aussi vif, d'une analyse aussi profonde, parce que les querelles qu'elles faisoient naître étoient animées par l'avidité du pouvoir et la crainte de la persécution. Si l'esprit de faction ne s'étoit pas introduit dans la métaphysique, si les passions ambitieuses n'avoient pas été intéressées dans les discussions abstraites, les esprits ne s'y seroient jamais assez vivement attachés, pour acquérir, dans ce genre difficile, tous les moyens nécessaires aux découvertes des siècles suivans.

Ainsi marche l'instruction pour la masse des hommes. Quand les opinions que l'on professe sur un ordre d'idées quelconque, deviennent la cause et les armes des partis, la haine, la fureur, la jalousie parcourent tous les rapports, saisissent tous les côtés des objets en discussion, agitent toutes les questions qui en dépendent ; et lorsque les passions se retirent, la raison va recueillir, au milieu du champ de bataille, quelques débris utiles à la recherche de la vérité.

Toute institution bonne relativement à tel danger du moment, et non à la raison éternelle, devient un abus insupportable, après avoir corrigé des abus plus grands. La chevalerie étoit nécessaire pour adoucir la férocité militaire, par le culte des femmes et l'esprit religieux ; mais la chevalerie, comme un ordre, comme une secte, comme tout ce qui sépare les hommes au lieu de les réunir, dut être considérée comme un mal funeste, dès qu'elle cessa d'être un remède indispensable.

La jurisprudence romaine, qu'il étoit trop heureux de faire recevoir à des peuples qui ne connoissoient que le droit des armes, devint une étude astucieuse et pédantesque, et absorba la plupart des savans échappés à la théologie.

La connoissance des langues anciennes, qui a ramené le véritable goût de la littérature, inspira pendant quelque temps une ridicule fureur d'érudition. Le présent et l'avenir furent comme anéantis par le puérile examen des moindres circonstances du passé. Des commentaires sur les ouvrages des anciens avoient pris la place des observations philosophiques ; il sembloit qu'entre la nature et l'homme, il dût toujours exister des livres. Le prix qu'on attachoit à l'érudition étoit tel, qu'il absorboit en entier l'esprit créateur. Tout ce qui concernoit les anciens obtenoit alors un égal degré d'intérêt; on eût dit qu'il importoit bien plus de savoir que de choisir.

Néanmoins tous ces défauts avoient eu leur utilité ; et l'on s'apperçoit, à la renaissance des lettres, que les siècles appelés barbares ont servi, comme les autres, d'abord à la civilisation d'un plus grand nombre de peuples, puis au perfectionnement même de l'esprit humain.

Si l'on ne considère cette époque de la renaissance des lettres, que sous le seul rapport des ouvrages de goût et d'imagination, l'on trouvera sans doute que près de seize cents ans ont été perdus, et que depuis Virgile jusqu'aux mystères catholiques représentés sur le théâtre de Paris, l'esprit humain, dans la carrière des arts, n'a fait que reculer vers la plus absurde des barbaries ; mais il n'en est pas de même des ouvrages de philosophie. Bacon, Machiavel, Montaigne, Galilée, tous les quatre presque contemporains dans des pays différens, ressortent tout-à-coup de ces temps obscurs, et se montrent cependant de plusieurs siècles en avant des derniers écrivains de la littérature ancienne, et sur-tout des derniers philosophes de l'antiquité.

Si l'esprit humain n'avoit pas marché pendant les siècles même durant lesquels on a peine à suivre son histoire, auroit-on vu dans la morale, dans la politique, dans les sciences, des hommes qui, à l'époque même de la renaissance des lettres, ont de beaucoup dépassé les génies les plus forts parmi les anciens ? S'il existe une distance infinie entre les derniers hommes célèbres de l'antiquité et les premiers, qui, parmi les modernes, se sont illustrés dans la carrière des sciences et des lettres ; si Bacon, Machiavel et Montaigne ont des idées et des connoissances infiniment supérieures à celles de Pline, de Marc-Aurèle, &c. n'est-il pas évident que la raison humaine a fait des progrès pendant l'intervalle qui sépare la vie de ces grands hommes ? Car il ne faut pas oublier le principe que j'ai posé dès le commencement de cet ouvrage ; c'est que le génie le plus remarquable ne s'élève jamais au-dessus des lumières de son siècle, que d'un petit nombre de degrés.

L'histoire de l'esprit humain, pendant les temps qui se sont écoulés entre Pline et Bacon, entre Epictète et Montaigne, entre Plutarque et Machiavel, nous est peu connue; parce que la plupart des hommes et des nations se confondent dans un seul événement, la guerre. Mais les exploits militaires ne conservent qu'un foible intérêt, par-delà l'époque de leur puissance. Il n'y a qu'un fait pour l'homme éclairé depuis le commencement du monde, ce sont les progrès des lumières et de la raison. Néanmoins, de même que le savant observe le travail secret par lequel la nature combine ses développemens, le moraliste apperçoit la réunion des causes qui ont préparé, pendant quatorze cents ans, l'état actuel des sciences et de la philosophie.

Quelle force l'esprit humain n'a-t-il pas montrée tout-à-coup au milieu du quinzième siècle ! que de découvertes importantes ! quelle marche nouvelle a été adoptée dans peu d'années ! Des progrès si rapides, des succès si étonnans peuvent-ils ne se rapporter à rien d'antérieur ? et dans les arts mêmes, le mauvais goût n'a-t-il pas été promptement écarté ? Les progrès de la pensée ont fait trouver en peu de temps les principes du vrai beau dans tous les genres, et la littérature ne s'est perfectionnée si vîte que parce que l'esprit étoit tellement exercé, qu'une fois rentré dans la route de la raison, il devoit y marcher à grands pas.

Une cause principale de l'émulation ardente qu'ont excitée les lettres au moment de leur renaissance, c'est le prodigieux éclat que donnoit alors la réputation de bon écrivain. On est confondu des hommages sans nombre qu'obtint Pétrarque, de l'importance inouie qu'on attachoit à la publication de ses sonnets. On étoit lassé de cet absurde préjugé militaire qui vouloit dégrader la littérature; on se jeta dans l'extrême opposé. Peut-être aussi que tout le faste de ces récompenses d'opinion étoit nécessaire pour exciter aux difficiles travaux qu'exigeoient, il y a trois siècles, le perfectionnement des langues modernes, la régénération de l'esprit philosophique, et la création d'une méthode nouvelle pour la métaphysique et les sciences exactes.

Arrêtons-nous cependant à l'époque qui commence la nouvelle ère, à dater de laquelle peuvent se compter, sans interruption, les plus étonnantes conquêtes du génie de l'homme; et comparant nos richesses avec celles de l'antiquité, loin de nous laisser décourager par l'admiration stérile du passé, ranimons-nous par l'enthousiasme fécond de l'espérance; unissons nos efforts, livrons nos voiles au vent rapide qui nous entraîne vers l'avenir.

CHAPITRE IX.

De l'Esprit général de la Littérature chez les Modernes.

Ce ne fut pas l'imagination, ce fut la pensée qui dut acquérir de nouveaux trésors pendant le moyen âge. Le principe des beaux arts, l'imitation, ne permet pas, comme je l'ai dit, la perfectibilité indéfinie ; et les modernes, à cet égard, ne font et ne feront jamais que recommencer les anciens. Toutefois si la poésie d'images et de description reste toujours à-peu-près la même, le développement nouveau de la sensibilité et la connoissance plus approfondie des caractères ajoutent à l'éloquence des passions, et donnent à nos chefs-d'œuvre en littérature un charme qu'on ne peut attribuer seulement à l'imagination poétique, et qui en augmente singulièrement l'effet.

Les anciens avoient des hommes pour amis, et ne voyoient dans leurs femmes que des esclaves élevées pour ce triste sort. La plupart en devenoient presque dignes; leur esprit n'acquéroit aucune idée, et leur ame ne se développoit point par de généreux sentimens. De-là vient que les poètes de l'antiquité n'ont le plus souvent peint dans l'amour que les sensations. Les anciens n'avoient de motif de préférence pour les femmes, que leur beauté, et cet avantage est commun à un assez grand nombre d'elles. Les modernes connoissant d'autres rapports et d'autres liens, ont pu seuls exprimer ce sentiment de prédilection qui intéresse la destinée de toute la vie aux sentimens de l'amour.

Les romans, ces productions variées de l'esprit des modernes, sont un genre presqu'entièrement inconnu aux anciens. Ils ont composé quelques pastorales, sous la forme de romans, qui datent du temps où les Grecs cherchoient à occuper les loisirs de la servitude; mais avant que les femmes eussent créé des intérêts dans la vie privée, les aventures particulières captivoient peu la curiosité des hommes; ils étoient absorbés par les occupations politiques.

Les femmes ont découvert dans les caractères une foule de nuances, que le besoin de dominer ou la crainte d'être asservies leur a fait appercevoir : elles ont fourni au talent dramatique de nouveaux secrets pour émouvoir. Tous les sentimens auxquels il leur est permis de se livrer, la crainte de la mort, le regret de la vie, le dévouement sans bornes, l'indignation sans mesure, enrichissent la littérature d'expressions nouvelles. Les femmes n'étant point, pour ainsi dire, responsables d'elles-mêmes, vont aussi loin dans leurs paroles que les sentimens de l'ame les conduisent. La raison forte, l'éloquence mâle peuvent choisir, peuvent s'éclairer dans ces développemens, où le cœur humain se montre avec abandon. De-là vient que les moralistes modernes ont en général beaucoup plus de finesse et de sagacité dans la connoissance des hommes, que les moralistes de l'antiquité.

Quiconque, chez les anciens, ne pouvoit atteindre à la renommée, n'avoit aucun motif de développement. Depuis qu'on est deux dans la vie domestique, les communications de l'esprit et l'exercice de la morale existent toujours, au moins dans un petit cercle, les enfans sont devenus plus chers à leurs parens, par la tendresse réciproque qui forme le lien conjugal; et toutes les affections ont pris l'empreinte de cette divine alliance de l'amour et de l'amitié, de l'estime et de l'attrait, de la confiance méritée et de la séduction involontaire.

Un âge aride, que la gloire et la vertu pouvoient honorer, mais qui ne devoit plus être ranimé par les émotions du cœur, la vieillesse s'est enrichie de toutes les pensées de la mélancolie; il lui a été donné de se ressouvenir, de regretter, d'aimer encore ce qu'elle avoit aimé. Les affections morales, unies, dès la jeunesse, aux passions brûlantes, peuvent se prolonger par de nobles traces jusqu'à la fin de l'existence, et laisser voir encore le même tableau sous le crêpe funèbre du temps.

Une sensibilité rêveuse et profonde est un des plus grands charmes de quelques ouvrages modernes; et ce sont les femmes qui, ne connoissant de la vie que la faculté d'aimer, ont fait passer la douceur de leurs impressions dans le style de quelques écrivains. En lisant les livres composés depuis la renaissance des lettres, l'on pourroit marquer à chaque page, quelles sont les idées qu'on n'avoit pas, avant qu'on eût accordé aux femmes une sorte d'égalité civile.

La générosité, la valeur, l'humanité ont pris, à quelques égards, une acception différente. Toutes les vertus des anciens étoient fondées sur l'amour de la patrie ; les femmes exercent leurs qualités d'une manière indépendante. La pitié pour la foiblesse, la sympathie pour le malheur, une élévation d'ame, sans autre but que la jouissance même de cette élévation, sont beaucoup plus dans leur nature que les vertus politiques. Les modernes, influencés par les femmes, ont facilement cédé aux liens de la philanthropie ; et l'esprit est devenu plus philosophiquement libre, en se livrant moins à l'empire des associations exclusives.

Le seul avantage des écrivains des derniers siècles sur les anciens, dans les ouvrages d'imagination, c'est le talent d'exprimer une sensibilité plus délicate, et de varier les situations et les caractères par la connoissance du cœur humain. Mais quelle supériorité les philosophes de nos jours n'ont-ils pas dans les sciences, dans la méthode et l'analyse, la généralisation des idées et l'enchaînement des résultats! Ils tiennent le fil qu'ils peuvent dérouler chaque jour davantage, sans jamais s'égarer.

Le raisonnement mathématique est, comme les deux plus grandes idées de la haute métaphysique, l'espace et l'éternité. Vous ajoutez des milliers de lieues, vous multipliez des siècles ; chaque calcul est juste, et le terme est indéfini. Le plus grand pas qu'ait fait l'esprit humain, c'est de renoncer au hasard des systêmes, pour adopter une méthode susceptible de démonstration ; car il n'y a de conquis pour le bonheur général, que les vérités qui ont atteint l'évidence.

L'éloquence enfin, quoiqu'elle manquât sans doute, chez la plupart des modernes, de l'émulation des pays libres, a néanmoins acquis, par la philosophie et par l'imagination mélancolique, un caractère nouveau dont l'effet est tout-puissant.

Je ne pense pas que, chez les anciens,

aucun livre, aucun orateur ait égalé, dans l'art sublime de remuer les ames, ni Bossuet, ni Rousseau, ni les Anglais dans quelques poésies, ni les Allemands dans quelques phrases. C'est à la spiritualité des idées chrétiennes, à la sombre vérité des idées philosophiques qu'il faut attribuer cet art de faire entrer, même dans la discussion d'un sujet particulier, des réflexions touchantes et générales, qui saisissent toutes les ames, réveillent tous les souvenirs, et ramènent l'homme tout entier dans chaque intérêt de l'homme.

Les anciens savaient animer les argumens nécessaires à chaque circonstance; mais de nos jours les esprits sont tellement blasés, par la succession des siècles, sur les intérêts individuels des hommes, et peut-être même sur les intérêts instantanés des nations, que l'écrivain éloquent a besoin de remonter toujours plus haut, pour atteindre à la source des affections communes à tous les mortels.

Sans doute il faut frapper l'attention par le tableau présent et détaillé de l'objet pour lequel on veut émouvoir; mais l'appel à la pitié n'est irrésistible, que quand la mélancolie sait aussi bien généraliser que l'imagination a su peindre.

Les modernes ont dû réunir à cette éloquence, qui n'a pour but que d'entraîner, l'éloquence de la pensée, dont l'antiquité ne nous offre que Tacite pour modèle. Montesquieu, Pascal, Machiavel sont éloquens par une seule expression, par une épithète frappante, par une image rapidement tracée, dont le but est d'éclaircir l'idée, mais qui agrandit encore ce qu'elle explique. L'impression de ce genre de style pourroit se comparer à l'effet que produit la révélation d'un grand secret; il vous semble aussi que beaucoup de pensées ont précédé la pensée qu'on vous exprime, que chaque idée se rapporte à des méditations profondes, et qu'un mot vous permet, tout-à-coup, de porter vos regards dans les régions immenses que le génie a parcourues.

Les philosophes anciens, exerçant, pour ainsi dire, une magistrature d'instruction parmi les hommes, avoient toujours pour but l'enseignement universel; ils découvroient les élémens, ils posoient les bases, ils ne laissoient rien en arrière ; ils n'avoient point encore à se préserver de cette foule d'idées communes, qu'il faut indiquer dans sa route, sans néanmoins fatiguer en les retraçant. Il étoit impossible qu'aucun écrivain de l'antiquité pût avoir le moindre rapport avec Montesquieu ; et rien ne doit lui être comparé, si les siècles n'ont pas été perdus, si les générations ne se sont pas succédées en vain, si l'espèce humaine a recueilli quelque fruit de la longue durée du monde.

La connoissance de la morale a dû se perfectionner avec les progrès de la raison humaine. C'est à la morale sur-tout que, dans l'ordre intellectuel, la démonstration philosophique est applicable. Il ne faut point comparer les vertus des modernes avec celles des anciens, comme hommes publics ; ce n'est que dans les pays libres qu'il existe de généreux rapports et de constans devoirs entre les citoyens et la patrie. Les habitudes ou les préjugés, dans les pays gouvernés despotiquement, peuvent encore souvent inspirer des actes brillans de courage militaire ; mais le pénible et continuel dévouement des emplois civils et des vertus législatives, le sacrifice désintéressé de toute sa vie à la chose publique, n'appartient qu'à la passion profonde de la liberté. C'est donc dans les qualités privées, dans les sentimens philanthropiques et dans quelques écrits supérieurs, qu'il faut examiner les progrès de la morale.

Les principes reconnus par les philosophes modernes, contribuent beaucoup plus au bonheur particulier que ceux des anciens. Les devoirs imposés par nos moralistes se composent de bonté, de sympathie, de pitié, d'affection. L'obéissance filiale étoit sans bornes chez les anciens. L'amour paternel est plus vif chez les modernes ; et il vaut mieux sans doute qu'entre le père et le fils, celui des deux qui doit être le bienfaiteur, soit en même temps celui dont la tendresse est la plus forte.

Les anciens ne peuvent être surpassés dans leur amour de la justice ; mais ils n'avoient point fait entrer la bienfaisance dans les devoirs. Les loix peuvent forcer à la justice, mais l'opinion générale fait seule un précepte de la bonté, et peut seule exclure de l'estime des hommes l'être insensible au malheur.

Les anciens ne demandoient aux autres que de s'abstenir de leur nuire; ils desiroient uniquement qu'on s'écartât de *leur soleil* pour les laisser à eux-mêmes et à la nature. Un sentiment plus doux donne aux modernes le besoin du secours, de l'appui, de l'intérêt qu'ils peuvent inspirer; ils ont fait une vertu de tout ce qui peut servir au bonheur mutuel, aux rapports consolateurs des individus entr'eux. Les liens domestiques sont cimentés par une liberté raisonnable; l'homme n'a plus légalement aucun droit arbitraire sur son semblable.

Chez les anciens peuples du nord, des leçons de prudence et d'habileté, des maximes qui commandoient un empire surnaturel sur sa propre douleur, étoient placées parmi les préceptes de la vertu. L'importance des devoirs est bien mieux classée chez les modernes; les relations avec ses semblables y tiennent le premier rang; ce qui nous concerne nous-mêmes mérite surtout d'être considéré, relativement à l'influence que nous pouvons avoir sur la destinée des autres. Ce que chacun doit faire pour son propre bonheur est un conseil, et non un ordre ; la morale ne fait point un crime à l'homme de la douleur qu'il ne peut s'empêcher de ressentir et de témoigner, mais de celle qu'il auroit causée.

Enfin ce que la morale de l'évangile et la philosophie prêchent également, c'est l'humanité. On a appris à respecter profondément le don de la vie ; l'existence de l'homme, sacrée pour l'homme, n'inspire plus cette sorte d'indifférence politique, que quelques anciens croyoient pouvoir réunir à de véritables vertus. Le sang tressaille à la vue du sang ; et le guerrier qui brave ses propres périls avec la plus parfaite impassibilité, s'honore de frémir en donnant la mort. Si quelques circonstances peuvent faire craindre qu'une condamnation soit injuste, qu'un innocent ait péri par le glaive des loix, les nations entières écoutent avec effroi les plaintes élevées contre un malheur irréparable. La terreur causée par un supplice non mérité, se prolonge d'une génération à l'autre : on entretient l'enfance du récit d'un tel malheur ; et quand l'éloquent Lally, vingt ans après la mort de son père, demandoit en France la réhabilitation de ses manes, tous les jeunes gens qui n'avoient jamais pu voir, jamais pu connoître la victime pour laquelle il réclamoit, versoient des pleurs, se sentoient émus, comme si le jour horrible où le sang avoit été versé injustement ne pouvoit jamais cesser d'être présent à tous les cœurs.

Ainsi marchoit le siècle vers la conquête de la liberté ; car ce sont les vertus qui la présagent. Hélas ! comment éloigner le douloureux contraste qui frappe si vivement l'imagination ! Un crime retentissoit pendant une longue suite d'années ; et nous avons vu des cruautés sans nombre, presque dans le même temps commises et oubliées ! Et c'est la plus grande, la plus noble, la plus fière des pensées humaines, la république, qui a prêté son ombre à ces forfaits exécrables ! Ah ! qu'on a de peine à repousser ces tristes rapprochemens, toutes les fois que le cours des idées ramène à réfléchir sur la destinée de l'homme, la révolution nous apparoît ! vainement on transporte son esprit sur les rives lointaines des temps qui sont écoulés, vainement on veut saisir les événemens passés et les ouvrages durables sous l'éternel rapport des combinaisons abstraites, si dans ces régions métaphysiques un mot répond à quelques souvenirs, les émotions de l'ame reprennent tout leur empire. La pensée n'a plus alors la force de nous soutenir; il faut retomber sur la vie.

Ne succombons pas néanmoins à cet abattement. Revenons aux observations générales, aux idées littéraires, à tout ce qui peut distraire des sentimens personnels; ils sont trop forts, ils sont trop douloureux pour être développés. Un certain degré d'émotion peut animer le talent; mais la peine longue et pesante étouffe le génie de l'expression; et quand la souffrance est devenue l'état habituel de l'ame, l'imagination perd jusqu'au besoin de peindre ce qu'elle éprouve.

CHAPITRE X.

De la Littérature Italienne et Espagnole.

La plupart des manuscrits anciens, les monumens des arts, toutes les traces enfin de la splendeur et des lumières du peuple romain, existoient en Italie. Il falloit de grandes dépenses, et l'autorisation de la puissance publique, pour faire à cet égard les recherches nécessaires. De-là vient que la littérature a reparu d'abord dans ce pays, où l'on pouvoit trouver les sources premières de toutes les études; et de-là vient aussi que la littérature italienne a commencé sous les auspices des princes; car les moyens de tous genres, indispensables pour les premiers progrès, dépendoient immédiatement des secours et de la volonté du gouvernement.

La protection des princes d'Italie a donc beaucoup contribué à la renaissance des lettres; mais elle a dû mettre obstacle aux lumières de la philosophie ; et ces obstacles auroient subsisté, lors même que la superstition religieuse n'auroit pas altéré de plusieurs manières la recherche de la vérité.

Il faut rappeler ici de nouveau le sens que j'ai constamment attaché au mot philosophie dans le cours de cet ouvrage. J'appelle philosophie, l'investigation du principe de toutes les institutions politiques et religieuses, l'analyse des caractères et des événemens historiques, enfin l'étude du cœur humain, et des droits naturels de l'homme. Une telle philosophie suppose la liberté, ou doit y conduire.

Les homme de lettres d'Italie, pour retrouver les manuscrits antiques qui devoient leur servir de guide, ayant besoin de la fortune et de l'approbation des princes, étoient plus éloignés que dans tout autre pays du genre d'indépendance nécessaire à cette philosophie. Une foule d'académies, d'universités existoient dans les grandes villes d'Italie. Ces associations étoient singulièrement propres aux travaux érudits, qui devoient faire sortir de l'oubli tant de chefs-d'œuvre; mais les établissemens publics sont, par leur nature même, entièrement soumis aux gouvernemens ; et les corporations sont, comme les ordres, les classes, les sectes, &c. extrêmement utiles à tel but désigné, mais beaucoup moins favorables que les efforts et le génie individuels à l'avancement indéfini des lumières philosophiques.

Ajoutez à ces réflexions générales, que les longues et patientes recherches qu'exigeoient le dépouillement et l'examen des anciens manuscrits, convenoient particulièrement à la vie monastique ; et ce sont les moines, en effet, qui se sont le plus activement occupés des études littéraires. Ainsi donc les mêmes causes qui faisoient renaître les lettres en Italie, s'opposoient au développement de la raison naturelle. Les Italiens ont frayé les premiers pas dans la carrière, où l'esprit humain a fait depuis de si immenses progrès ; mais ils ont été condamnés à ne point avancer, dans la route qu'ils avoient ouverte.

La poésie et les beaux-arts enivrent l'imagination en Italie, par leurs charmes inimitables ; mais les écrivains en prose ne sont, en général, ni moralistes, ni philosophes ; et leurs efforts pour être éloquens ne produisent que de l'exagération (1). Néanmoins, comme il est de la nature de l'esprit humain de marcher toujours en avant, les Italiens, à qui la philosophie étoit interdite, et qui ne pouvoient dépasser, dans la poésie, le terme de perfection, borne de tous les arts, les Italiens se sont illustrés par les progrès remarquables qu'ils n'ont cessé de faire dans les sciences. Après le siècle de Léon x, après l'Arioste et le Tasse, leur poésie a rétrogradé ; mais ils ont eu Galilée, Cassini, &c. et nouvellement encore, une foule de découvertes utiles en physique les ont associés au perfectionnement intellectuel de l'espèce humaine.

---

(1) Il me semble que l'on est généralement d'avis que je n'ai pas assez vanté la littérature italienne (le Tasse, l'Arioste et Machiavel exceptés, dont je crois avoir parlé avec l'enthousiasme qu'ils méritent). Si la liberté s'établissoit en Italie, il est hors de doute que tous les hommes qui indiquent actuellement des talens distingués, les porteroient beaucoup plus loin encore. Mais une nation chez laquelle la pensée a si peu d'indépendance, et l'émulation si peu d'objet, peut-elle avoir toute sa valeur ?

La superstition a bien essayé de persécuter Galilée ; mais plusieurs princes de l'Italie même sont venus à son secours. Le fanatisme religieux est ennemi des sciences et des arts, aussi bien que de la philosophie ; mais la royauté absolue ou l'aristocratie féodale protègent souvent les sciences et les arts, et ne haïssent que l'indépendance philosophique.

Dans les pays où les prêtres dominent, tous les maux et tous les préjugés se sont trouvés quelquefois réunis ; mais la diversité des gouvernemens, en Italie, allégeoit le joug des prêtres, en donnant lieu à des rivalités d'états ou de princes, qui assuroient l'indépendance très-bornée dont les sciences et les arts ont besoin. Après avoir affirmé, que c'est dans les sciences seulement, que l'Italie a marché progressivement, et fourni son tribut aux lumières du genre humain, examinons dans chaque branche de l'entendement humain, dans la philosophie, dans l'éloquence et dans la poésie, les causes des succès et des défauts de la littérature italienne.

La subdivision des états ; dans un même

pays, est ordinairement favorable à la philosophie : c'est ce que j'aurai lieu de développer en parlant de la littérature allemande. Mais, en Italie, cette subdivision n'a point produit son effet naturel ; le despotisme des prêtres, pesant sur toutes les parties du pays, a détruit la plupart des heureux résultats que doit avoir le gouvernement fédéral, ou la séparation et l'existence des petits états. Il eût peut-être mieux valu que la nation entière fût réunie sous un seul gouvernement ; ses anciens souvenirs se seroient ainsi plutôt réveillés, et le sentiment de sa force eût ranimé celui de sa vertu.

Cette multitude de principautés, féodalement ou théocratiquement gouvernées, ont été livrées à des guerres civiles, à des partis, à des factions ; le tout sans profit pour la liberté. Les caractères se sont dépravés par les haines particulières, sans s'agrandir par l'amour de la patrie ; l'on s'est familiarisé avec l'assassinat, tout en se soumettant à la tyrannie. A côté du fanatisme existoit quelquefois l'incrédulité, jamais la saine raison.

Les Italiens, accoutumés souvent à ne rien croire et à tout professer, se sont bien plus exercés dans la plaisanterie que dans le raisonnement. Ils se moquent de leur propre manière d'être. Quand ils veulent renoncer à leur talent naturel, à l'esprit comique, pour essayer de l'éloquence oratoire, ils ont presque toujours de l'affectation. Les souvenirs d'une grandeur passée, sans aucun sentiment de grandeur présente, produisent le gigantesque. Les Italiens auroient de la dignité, si la plus sombre tristesse formoit leur caractère; mais quand les successeurs des Romains, privés de tout éclat national, de toute liberté politique, sont encore un des peuples les plus gais de la terre, ils ne peuvent avoir aucune élévation naturelle.

C'est peut-être par antipathie pour l'exagération italienne que Machiavel a montré une si effrayante simplicité dans sa manière d'analyser la tyrannie ; il a voulu que l'horreur pour le crime naquît du développement même de ses principes ; et poussant trop loin le mépris pour l'apparence même de la déclamation, il a laissé tout faire au sentiment du lecteur. Les réflexions de Machiavel sur Tite-Live sont bien supérieures à son *Prince*. Ces réflexions sont un des ouvrages où l'esprit humain a montré le plus de profondeur. Un tel livre est dû tout entier au génie de l'auteur ; il n'a point de rapports avec le caractère général de la littérature italienne.

Les troubles de Florence avoient contribué sans doute à donner plus d'énergie à la pensée de Machiavel ; mais il me semble néanmoins qu'en étudiant ses ouvrages, on sent qu'ils appartiennent à un homme unique de sa nature au milieu des autres hommes. Il écrit comme pour lui seul ; l'effet qu'il doit produire ne l'a jamais occupé. On diroit qu'il ne songeoit point à ses lecteurs, et que partant de points convenus avec sa propre pensée, il croyoit inutile de se déclarer à lui-même ses opinions.

L'on peut accuser Machiavel de n'avoir pas prévu les mauvais effets de ses livres ; mais ce que je ne crois point, c'est qu'un homme d'un tel génie ait adopté la théorie du crime. Cette théorie est trop courte et trop imprévoyante dans ses plus profondes combinaisons.

Une foule d'historiens en Italie, et même

les deux meilleurs, Guichardin et Fra-Paolo, ne peuvent, en aucune manière, être comparés, ni à ceux de l'antiquité, ni, parmi les modernes, aux historiens anglais. Ils sont érudits; mais ils n'approfondissent ni les idées, ni les hommes, soit qu'il y eût véritablement du danger, sous les gouvernemens italiens, à juger philosophiquement les institutions et les caractères; soit que ce peuple, jadis si grand, et maintenant avili, fût, comme Renaud chez Armide, importuné par toutes les pensées qui pouvoient troubler son repos et ses plaisirs.

Il semble que l'éloquence de la chaire auroit dû exister en Italie plus qu'ailleurs, puisque c'est le pays le plus livré à l'empire d'une religion positive. Cependant ce pays n'offre rien de bon en ce genre, tandis que la France peut se glorifier des plus grands et des plus beaux talens dans cette carrière. Les Italiens, si l'on en excepte une certaine classe d'hommes éclairés, sont pour la religion, comme pour l'amour et la liberté; ils aiment l'exagération de tout, et n'éprouvent le sentiment vrai de rien. Ils sont vindicatifs, et néanmoins serviles. Ils sont esclaves des femmes, et néanmoins étrangers aux sentimens profonds et durables du cœur. Ils sont misérablement superstitieux dans les pratiques du catholicisme ; mais ils ne croient point à l'indissoluble alliance de la morale et de la religion.

Tel est l'effet que doivent produire sur un peuple des préjugés fanatiques, des gouvernemens divers que ne réunissent point la défense et l'amour d'une même patrie, un soleil brûlant qui ranime toutes les sensations, et doit entraîner à la volupté lorsque cet effet n'est pas combattu, comme chez les Romains, par l'énergie des passions politiques.

Enfin dans tout pays où l'autorité publique met des bornes superstitieuses à la recherche des vérités philosophiques, lorsque l'émulation s'est épuisée sur les beaux-arts, les hommes éclairés n'ayant plus de route à suivre, plus de but, plus d'avenir, se laissent aller au découragement; et à peine reste-t-il alors assez de force à l'esprit humain pour inventer les amusemens de ses loisirs.

Après avoir exprimé, peut-être avec rigueur, tout ce qui manquoit à la littérature des Italiens, il faut revenir au charme enchanteur de leur brillante imagination.

C'est une époque digne de remarque dans la littérature, que celle où l'on a découvert le secret d'exciter la curiosité par l'invention et le récit des aventures particulières. Le genre romanesque s'est introduit par deux causes distinctes dans le nord et dans le midi. Dans le nord, l'esprit de chevalerie donnoit souvent lieu aux événemens extraordinaires ; et pour intéresser les guerriers, il falloit leur raconter des exploits pareils aux leurs. Consacrer la littérature au récit ou à l'invention des beaux faits de chevalerie, étoit l'unique moyen de vaincre la répugnance qu'avoient pour elle des hommes encore barbares.

Dans l'orient, le despotisme tourna les esprits vers les jeux de l'imagination ; on étoit contraint à ne risquer aucune vérité morale que sous la forme de l'apologue. Le talent s'exerça bientôt à supposer et à peindre des événemens fabuleux. Les esclaves doivent aimer à se réfugier dans un monde chimérique; et comme le soleil du midi anime l'imagination, les contes arabes sont infiniment plus variés et plus féconds que les romans de chevalerie.

On a réuni les deux genres en Italie; l'invasion des peuples du nord a transporté dans le midi la tradition des faits chevaleresques, et les rapports que les Italiens entretenoient avec l'Espagne ont enrichi la poésie d'une foule d'images et d'événemens tirés des contes arabes. C'est à ce mélange heureux que nous devons l'Arioste et le Tasse.

L'art d'exciter la terreur et la pitié par le seul développement des passions du cœur, est un talent dont la philosophie réclame une grande part; mais l'effet du merveilleux sur la crédulité, est d'autant plus puissant, que rien de combiné ni de prévu ne prépare le dénouement, que la curiosité ne peut se satisfaire à l'avance par aucun genre de probabilité, et que tout est surprise dans les récits que l'on entend.

On voit, dans les romans de chevalerie, un singulier mélange de la religion chrétienne, à laquelle les écrivains ont foi, et de la magie qui leur fait peur, et dans les écrivains de l'orient, un combat continuel entre leur religion nouvelle et l'ancienne idolâtrie dont Mahomet a triomphé. La Mythologie des Grecs et des Romains est une composition beaucoup plus simple. Elle tient de plus près aux idées morales ; elle en est presque toujours l'emblême ou l'allégorie. Mais le merveilleux arabe attache davantage la curiosité; l'un semble le rêve de l'effroi, l'autre la comparaison heureuse de l'ordre moral avec l'ordre physique.

Les Espagnols devoient avoir une littérature plus remarquable que celle des Italiens; ils devoient réunir l'imagination du nord et celle du midi, la grandeur chevaleresque et la grandeur orientale, l'esprit militaire que des guerres continuelles avoient exalté, et la poésie qu'inspire la beauté du sol et du climat. Mais le pouvoir royal, appuyant la superstition, étouffa ces germes heureux de tous les genres de gloire. Ce qui a empêché l'Italie d'être une nation, la subdivision des états, lui a donné du moins la liberté suffisante pour les sciences et les arts; mais l'unité du despotisme d'Espagne, secondant l'active puissance de l'inquisition, n'a laissé à la pensée aucune ressource dans aucune carrière, aucun moyen d'échapper au joug. On doit juger cependant de ce qu'auroit été la littérature espagnole, par quelques essais épars qu'on en peut encore recueillir.

Les Maures établis en Espagne empruntoient de la chevalerie, dans leurs romans, son culte pour les femmes ; ce culte n'étoit point dans les mœurs nationales de l'orient. Les Arabes restés en Afrique ne ressembloient point, à cet égard, aux Arabes établis en Espagne. Les Maures donnoient aux Espagnols leur esprit de magnificence ; les Espagnols inspiroient aux Maures leur amour et leur honneur chevaleresque. Aucun mélange n'eût été plus favorable aux ouvrages d'imagination, si la littérature eût pu se développer en Espagne.

Parmi leurs romans, le Cid nous donne quelque idée de la grandeur qui auroit caractérisé toutes leurs conceptions. Il y a dans le poëme du Camoens, dont l'esprit est le même que celui des ouvrages écrits en espagnol, une fiction d'une rare beauté, l'apparition du fantôme qui défend l'entrée de la mer des Indes. Dans les comédies de Calderon, de Lopès de Vega, à travers des défauts sans nombre, on trouve toujours de l'élévation dans les sentimens. L'amour espagnol, la jalousie espagnole ont un tout autre caractère que les sentimens représentés dans les pièces italiennes ; il n'y a ni subtilité, ni fadeur dans leurs expressions ; ils ne représentent jamais ni la perfidie de la conduite, ni la dépravation des mœurs ; ils ont trop d'enflure dans le style ; mais tout en condamnant l'exagération de leurs paroles, l'on est convaincu de la vérité de leurs sentimens. Il n'en est pas de même en Italie. Si vous ôtiez l'affectation de certains ouvrages, il n'y resteroit rien ; tandis qu'en corrigeant les défauts du genre espagnol, l'on arriveroit à la perfection de la dignité courageuse et de la sensibilité profonde.

Aucun élément de philosophie ne pouvoit se développer en Espagne; les invasions du nord n'y avoient porté que l'esprit militaire, et les Arabes étoient ennemis de la philosophie. Le gouvernement absolu des orientaux, et leur religion fataliste, les portoient à détester les lumières philosophiques. Cette haine leur fit brûler la bibliothèque d'Alexandrie. Ils s'occupoient cependant des sciences et de la poésie; mais ils cultivoient les sciences en astrologues, et la poésie en guerriers. C'étoit pour chanter les exploits militaires que les Arabes faisoient des vers; et ils n'étudioient les secrets de la nature, que dans l'espoir de parvenir à la magie. Ils ne songeoient point à fortifier leur raison. A quoi pouvoit leur servir, en effet, une faculté qui auroit renversé ce qu'ils respectoient, le despotisme et la superstition?

L'Espagne, aussi étrangère que l'Italie aux travaux philosophiques, fut détournée de toute émulation littéraire par la tyrannie oppressive et sombre de l'inquisition; elle ne profita point des inépuisables sources d'invention poétique que les Arabes apportoient avec eux. L'Italie possédoit les monumens anciens, et avoit des rapports immédiats avec les Grecs de Constantinople; elle tira de l'Espagne le genre oriental, que les

Maures y avoient porté, et que négligeoient les Espagnols.

On peut distinguer très-facilement dans la littérature italienne ce qui appartient à l'influence des Grecs, ou à celle de la poésie et des traditions arabes. L'affectation et la recherche dérivent de la subtilité des Grecs, de leurs sophismes et de leur théologie; les tableaux et l'invention poétique dérivent de l'imagination orientale. Ces deux différens caractères s'apperçoivent à travers la couleur générale que la même langue, le même climat, les mêmes mœurs donnent aux ouvrages d'un même peuple.

Le Boyard, qui est le premier auteur du genre que l'Arioste a rendu si célèbre, a beaucoup d'analogie, dans son poëme, avec les contes orientaux. C'est le même caractère d'invention et de merveilleux; l'esprit de chevalerie et la liberté accordée aux femmes dans le nord font la seule différence du Boyard et des Mille et une Nuits. Quoique les Arabes fussent un peuple extrêmement belliqueux, ils combattoient pour leur religion bien plus que pour l'amour et pour l'honneur; tandis que les peuples du nord, quel que fût leur respect pour la croyance qu'ils professoient, ont toujours eu leur gloire personnelle pour premier but. L'Arioste, de même que le Boyard, est imitateur des orientaux. L'Arioste est le premier peintre, et par conséquent peut-être le plus grand poète moderne. Mais l'un des caractères d'originalité de son ouvrage, c'est l'art de faire sortir la plaisanterie du sérieux même de l'exagération. Rien ne devoit plaire davantage aux Italiens, que ce ridicule piquant jeté sur toutes les idées sérieuses et exaltées de la chevalerie. Il est dans leur caractère d'aimer à réunir, dans les objets même d'une plus haute importance, la gravité des formes à la légéreté des sentimens; et l'Arioste est le plus charmant modèle de ce genre national.

Le Tasse emprunte aussi de l'imagination orientale ses tableaux les plus brillans; mais il y réunit souvent un charme de sensibilité qui n'appartient qu'à lui seul. Ce qu'on trouve le plus rarement, en général, dans les ouvrages italiens, quoique tout y parle d'amour, c'est de la sensibilité. La recherche d'esprit qui s'est introduite sur ce sujet dès l'origine de leur littérature, est l'obstacle le plus insurmontable à la puissance d'émouvoir.

Pétrarque, le premier poète qu'ait eu l'Italie, et l'un de ceux qu'on y admire le plus, a commencé ce malheureux genre d'antithèses et de *concetti* dont la littérature italienne n'a pu se corriger entièrement. Toutes les poésies de l'Ecole de Pétrarque, et il faut mettre de ce nombre l'Aminta du Tasse et le Pastor Fido de Guarini, ont puisé leurs défauts dans la subtilité des Grecs du moyen âge. L'esprit que ces derniers avoient porté dans la théologie, les Italiens l'introduisirent dans l'amour. Il y a quelque rapport entre l'amour et la dévotion; mais il n'en existe point assurément entre la langue théologique et celle des sentimens du cœur; et néanmoins c'étoit souvent avec le même genre d'esprit qu'on disputoit, à Constantinople, sur la nature de la trinité, et qu'on analysoit, en Italie, les préférences et les rigueurs de sa maîtresse (1).

---

(1) Entre mille exemples de l'affectation italienne, j'en citerai un assez remarquable. Pétrarque perdit

L'Europe, et en particulier la France, ont failli perdre tous les avantages du génie naturel, par l'imitation des écrivains de l'Italie. Les beautés qui immortalisent les poètes italiens, appartiennent à la langue, au climat, à l'imagination, à des circonstances de tout genre qui ne peuvent se transporter ailleurs; tandis que leurs défauts sont très-contagieux. Si quelques passions profondes ne s'étoient pas conservées dans le nord, sous cette atmosphère nébuleuse où la force de l'ame entretient seule la vie, les femmes n'auroient apporté dans l'existence des hommes qu'une galanterie flatteuse et recherchée, qui auroit fini par étouffer pour toujours la simplicité des sentimens naturels.

L'affectation est de tous les défauts des caractères et des écrits, celui qui tarit de la manière la plus irréparable la source de

---

sa mère lorsqu'elle n'avoit encore que trente-huit ans ; il fit un sonnet sur sa mort, composé de trente-huit vers, pour rappeler par l'exactitude de ce nombre, d'une manière assurément bien touchante et bien naturelle, le regret qu'il avoit d'avoir perdu sa mère à cet âge.

tout bien; car elle blase sur la vérité même dont elle imite l'accent.

Dans quelque genre que ce soit, tous les mots qui ont servi à des idées fausses, à de froides exagérations, sont pendant long-temps frappés d'aridité; et telle langue même peut perdre entièrement la puissance d'émouvoir sur tel sujet, si elle a été trop souvent prodiguée à ce sujet même. Ainsi peut-être l'italien est-il de toutes les langues de l'Europe la moins propre à l'éloquence passionnée de l'amour, comme la nôtre est maintenant usée pour l'éloquence de la liberté.

Dans le temps même où Pétrarque mettoit dans ses poésies une exagération trop romanesque, Bocace se jeta dans un genre tout-à-fait contraire. Il composa les contes les plus indécens; et la plupart des comédies italiennes sont infiniment plus libres qu'aucune pièce française. C'est encore une des funestes conséquences de la recherche maniérée des sentimens, que d'inspirer le goût de l'extrême opposé pour réveiller de la langueur et de l'ennui que ce ton sentimental fait éprouver. L'affectation de l'amour porte les esprits au ton licencieux, comme l'hypocrisie de la religion à l'athéisme.

Pétrarque cependant, et quelques poètes célèbres qui ont écrit dans le même genre, méritent d'être lus, par le charme de leur langue harmonieuse : elle rappelle quelques-uns des effets de la musique céleste dont elle est si souvent accompagnée. Ce n'est pas néanmoins que des mots aussi sonores soient un avantage pour tous les genres de style, ni même pour tous les genres de poésie.

Le bruit retentissant de l'italien ne dispose ni l'écrivain, ni le lecteur à penser ; la sensibilité même est distraite de l'émotion par des consonnances trop éclatantes. L'italien n'a pas assez de concision pour les idées ; il n'a rien d'assez sombre pour la mélancolie des sentimens. C'est une langue d'une mélodie si extraordinaire, qu'elle peut vous ébranler, comme des accords, sans que vous donniez votre attention au sens même des paroles. Elle agit sur vous comme un instrument musical.

Quand on lit dans le Tasse ces vers :

(1) Chiama gli abitator dell' ombre eterne
Il rauco suon della tartarea tromba :
Treman le spaziose atre caverne,
E l'aer cieco a quel romor rimbomba.

il n'est personne qui ne soit transporté d'admiration. Cependant, en examinant le sens de ces paroles, on n'y trouve rien de sublime : c'est comme grand musicien que le Tasse vous fait trembler dans cette strophe ; et les beaux airs de Iomelli produiroient sur vous un effet à-peu-près semblable. Voilà l'avantage de la langue ; en voici l'inconvénient.

La mort de Clorinde, tuée par Tancrède, est peut-être la situation la plus touchante que nous connoissions en poésie ; et le charme inexprimable de cet épisode, dans le Tasse, ajoute encore à son effet. Cependant le dernier vers qui termine le récit :

Passa la bella donna et par che dorma (2).

---

(1) Le son rauque de la trompette du Tartare appelle les habitans des ombres éternelles ; les vastes et noires cavernes en frémissent, et l'air obscur répète au loin ce bruit terrible.

(2) La belle femme expire, et l'on diroit qu'elle dort.

est trop harmonieux, trop doux, glisse trop mollement sur l'ame, pour être d'accord avec l'impression profonde que doit produire un tel événement.

La foule d'improvisateurs assez distingués qui font des vers aussi promptement que l'on parle, est citée comme une preuve des avantages de l'italien pour la poésie. Je crois, au contraire, que cette extrême facilité de la langue est un de ses défauts, et l'un des obstacles qu'elle offre aux bons poètes pour élever très-haut la perfection de leur style. Les gradations de la pensée, les nuances du sentiment, ont besoin d'être approfondies par la méditation ; et ces paroles agréables qui s'offrent en foule aux poètes italiens pour faire des vers, sont comme une cour de flatteurs qui dispensent de chercher, et souvent empêchent de découvrir un véritable ami.

L'esprit national influe sur la nature de la langue d'un pays; mais cette langue réagit, à son tour, sur l'esprit national. L'italien cause souvent une sorte de lassitude de la pensée; il faut plus d'efforts pour la saisir à travers ces sons voluptueux que dans les idiomes distincts, qui ne détournent point l'esprit d'une attention abstraite. En Italie, tout semble se réunir pour livrer la vie de l'homme aux sensations agréables que peuvent donner les beaux arts et le soleil.

Depuis que ce pays a perdu l'empire du monde, on diroit que son peuple dédaigne toute existence politique, et que, suivant l'esprit de la maxime de César, il aspire au premier rang dans les plaisirs, plutôt qu'à des secondes places dans la gloire.

Le Dante ayant joué, comme Machiavel, un rôle au milieu des troubles civils de son pays, a montré, dans quelques morceaux de son poëme, une énergie qui n'a rien d'analogue avec la littérature de son temps; mais les défauts sans nombre qu'on peut lui reprocher sont, sans doute, le tort de son siècle. Ce n'est que sous Léon x qu'on a pu remarquer un goût très-pur dans la littérature italienne. L'ascendant de ce prince tenoit lieu d'unité aux gouvernemens italiens.

Les lumières se réunissoient dans un seul foyer : le goût pouvoit s'y former aussi; et c'étoit d'un même tribunal que partoient tous les jugemens littéraires.

Après le siècle des Médicis, la littérature italienne n'a plus fait aucun progrès, soit qu'un centre fût nécessaire pour rallier les esprits, soit sur-tout parce que la philosophie n'étoit point cultivée en Italie. Lorsque la littérature d'imagination a atteint dans une langue le plus haut degré de perfection dont elle est susceptible, il faut que le siècle suivant appartienne à la philosophie, pour que l'esprit humain ne cesse pas de faire des progrès. Après Racine, nous avons vu Voltaire, parce que, dans le dix-huitième siècle, on étoit plus penseur que dans le dix-septième. Mais qu'auroit-on pu ajouter à la perfection de la poésie après Racine? Les Italiens, arrêtés par leurs gouvernemens et par leurs prêtres dans tout ce qui pouvoit avoir rapport aux idées philosophiques, n'ont pu que repasser sur les mêmes traces, et par conséquent s'affoiblir.

Ils n'ont point de romans, comme les Anglais et les Français, parce que l'amour qu'ils conçoivent, n'étant pas une passion de l'ame, ne peut être susceptible de longs développemens. Leurs mœurs sont trop licencieuses pour pouvoir graduer aucun intérêt de ce genre.

Leurs comédies ont beaucoup de cette gaîté bouffonne qui tient à l'exagération des vices et des ridicules ; mais on n'y trouve point, si l'on en excepte quelques pièces de Goldoni, la peinture frappante et vraie des vices du cœur humain, comme dans les comédies françaises. L'observation poussée en ce genre jusqu'à la plus parfaite sagacité, est un travail qui pourroit conduire à toutes les idées philosophiques. Les Italiens n'ont pensé qu'à faire rire en composant leurs pièces ; tout but sérieux, même déguisé sous les formes les plus légères, ne peut y être apperçu ; et leurs comédies sont la caricature de la vie, et non son portrait.

Les Italiens se moquent dans leurs contes, et souvent même sur le théâtre, des prêtres, auxquels ils sont d'ailleurs entièrement asservis. Mais ce n'est point sous un point de vue philosophique qu'ils attaquent les abus de la religion ; ils n'ont pas, comme quelques-uns de nos écrivains, le but de réformer les défauts dont ils plaisantent ; ce qu'ils veulent seulement, c'est s'amuser d'autant plus que le sujet est plus sérieux. Leurs opinions sont, dans le fond, assez opposées à tous les genres d'autorité auxquels ils sont soumis; mais cet esprit d'opposition n'a de force que ce qu'il faut pour pouvoir mépriser ceux qui les commandent. C'est la ruse des enfans envers leurs pédagogues; ils leur obéissent, à condition qu'il leur soit permis de s'en moquer.

Il s'ensuit que tous les ouvrages des Italiens, excepté ceux qui traitent des sciences physiques, n'ont jamais pour but l'utilité; et dans quelque genre que ce soit, ce but est nécessaire pour donner aux pensées une force réelle. Les ouvrages de Beccaria, de Filangieri, et un petit nombre d'autres encore, font exception à ce que je viens de dire. L'émulation philosophique peut se communiquer des pays étrangers en Italie, et produire quelques écrits supérieurs; mais la nature des gouvernemens et des préjugés qui les dirigent, s'oppose à ce que cette émulation soit nationale; elle ne peut avoir son mobile dans les institutions du pays.

Une question me reste encore à examiner. Les Italiens ont-ils poussé très-loin l'art dramatique dans leurs tragédies ? Malgré le charme de Métastase et l'énergie d'Alfieri, je ne le pense pas. Les Italiens ont de l'invention dans les sujets, et de l'éclat dans les expressions ; mais les personnages qu'ils peignent ne sont point caractérisés de manière à laisser de profondes traces, et les douleurs qu'ils représentent arrachent peu de larmes. C'est que, dans leur situation politique et morale, l'ame ne peut avoir son entier développement ; leur sensibilité n'est pas sérieuse, leur grandeur n'est pas imposante, leur tristesse n'est pas sombre. Il faut que l'auteur italien prenne tout en lui-même pour faire une tragédie, qu'il s'éloigne entièrement de ce qu'il voit, de ses idées et de ses impressions habituelles ; et il est bien difficile de trouver le vrai de ce monde tragique, alors qu'il est si distant des mœurs générales.

La vengeance est la passion la mieux peinte dans les tragédies des Italiens (1). Il est dans leur caractère de se réveiller tout-à-coup par ce sentiment au milieu de la mollesse

---

(1) Rosmunda d'Alfieri, &c.

habituelle de leur vie; ils expriment le ressentiment avec ses couleurs naturelles, parce qu'ils l'éprouvent réellement.

Les opéra seuls sont suivis, parce que les opéra font entendre cette délicieuse musique, la gloire et le plaisir de l'Italie. Les acteurs ne s'exercent point à bien jouer les pièces tragiques, parce qu'elles ne sont point écoutées; et cela doit être ainsi, lorsque le talent d'émouvoir n'est pas porté assez loin pour l'emporter sur tout autre plaisir. Les Italiens n'ont pas besoin d'être attendris, et les auteurs, faute de spectateurs, et les spectateurs, faute d'auteurs, ne se livrent point aux impressions profondes de l'art dramatique.

Métastase cependant a su faire de ses opéra presque des tragédies, et quoiqu'il fût astreint à toutes les difficultés qu'impose l'obligation de se soumettre à la musique, il a su conserver de grandes beautés de style et des situations vraiment dramatiques. Il se peut qu'il existe encore d'autres exceptions peu connues des étrangers; mais pour dessiner les traits principaux qui caractérisent une littérature, il est absolument nécessaire de mettre de côté quelques détails. Il n'existe point d'idées générales qui ne soient contredites par quelques exceptions ; mais l'esprit deviendroit incapable d'aucun résultat, s'il s'arrêtoit à chaque fait particulier, au lieu de saisir les conséquences que l'on doit tirer de la réunion de tous.

La mélancolie, ce sentiment fécond en ouvrages de génie, semble appartenir presqu'exclusivement aux climats du nord.

Les orientaux, que les Italiens ont souvent imités, avoient bien néanmoins une sorte de mélancolie. On en trouve dans quelques poésies arabes, et sur-tout dans les pseaumes des Hébreux ; mais elle a un caractère distinct de celle dont nous allons parler, en analysant la littérature du nord.

Des idées religieuses positives, soit chez les mahométans, soit chez les juifs, soutiennent et dirigent dans l'orient les affections de l'ame. Ce n'est pas ce vague terrible qui porte à l'ame une impression plus philosophique et plus sombre. La mélancolie des orientaux est celle des hommes heureux par toutes les jouissances de la nature ; ils réfléchissent seulement avec regret sur le rapide passage de la prospérité, sur la brièveté de la vie (1). La mélancolie des peuples du nord est celle qu'inspirent les souffrances de l'ame, le vide que la sensibilité fait trouver dans l'existence, et la rêverie, qui promène sans cesse la pensée, de la fatigue de la vie à l'inconnu de la mort.

---

(1) Les poésies hébraïques, les complaintes de Job en particulier, ont un caractère de mélancolie qui ne ressemble en rien à celui qu'on peut remarquer dans les poésies du nord. D'abord les images qui conviennent au climat du midi, diffèrent entièrement de celles qu'inspire le climat du nord ; et, en second lieu, l'imagination religieuse des juifs n'a pas le moindre rapport avec celle qui anime encore les descendans des Poètes scandinaves et des Bardes écossais. C'est ce que je développerai dans le chapitre suivant.

CHAPITRE XI.

De la Littérature du Nord.

IL existe, ce me semble, deux littératures tout-à-fait distinctes, celle qui vient du midi et celle qui descend du nord, celle dont Homère est la première source, celle dont Ossian est l'origine (1). Les Grecs, les Latins, les Italiens, les Espagnols, et les Français du

---

(1) Je répète ce que j'ai dit dans la préface de cette seconde édition. Les chants d'Ossian (Barde, qui vivoit dans le quatrième siècle) étoient connus des Écossais et des hommes de lettres en Angleterre, avant que Macpherson les eût recueillis. En appelant Ossian l'origine de la littérature du nord, j'ai voulu seulement, comme on le verra par la suite de ce chapitre, l'indiquer comme le plus ancien poète auquel l'on puisse rapporter le caractère particulier à la poésie du nord. Les fables islandaises, les poésies scandinaves du neuvième siècle, origine commune de la littérature anglaise et de la littérature allemande, ont la plus grande ressemblance avec les traits

siècle de Louis XIV, appartiennent au genre de littérature que j'appellerai la littérature du midi. Les ouvrages anglais, les ouvrages allemands, et quelques écrits des Danois et des Suédois, doivent être classés dans la littérature du nord, dans celle qui a commencé par les Bardes Ecossais, les Fables Islandaises, et les Poésies Scandinaves. Avant de caractériser les écrivains anglais et les écrivains allemands, il me paroît nécessaire de considérer d'une manière générale les principales différences des deux hémisphères de la littérature.

Les Anglais et les Allemands ont, sans

---

distinctifs des poésies Erses et du poëme de Fingal. Un très-grand nombre de savans ont écrit sur la littérature runique, sur les poésies et les antiquités du nord. Mais on trouve le résumé de toutes ces recherches dans M. Mallet; et il suffira de lire la traduction de quelques odes du neuvième siècle qui y sont transcrites, celles du roi Régner-Lodbrog, de Harald-le-Vaillant, &c. pour se convaincre que ces poètes scandinaves chantoient les mêmes idées religieuses, se servoient des mêmes images guerrières, avoient le même culte pour les femmes que le barde d'Ossian, qui vivoit près de cinq siècles avant eux.

doute, souvent imité les anciens. Ils ont retiré d'utiles leçons de cette étude féconde ; mais leurs beautés originales portant l'empreinte de la mythologie du nord, ont une sorte de ressemblance, une certaine grandeur poétique dont Ossian est le premier type. Les poètes anglais, pourra-t-on dire, sont remarquables par leur esprit philosophique; il se peint dans tous leurs ouvrages; mais Ossian n'a presque jamais d'idées réfléchies : il raconte une suite d'événemens et d'impressions. Je réponds à cette objection que les images et les pensées les plus habituelles, dans Ossian, sont celles qui rappellent la brièveté de la vie, le respect pour les morts, l'illustration de leur mémoire, le culte de ceux qui restent envers ceux qui ne sont plus. Si le poète n'a point réuni à ces sentimens des maximes de morale ni des réflexions philosophiques, c'est qu'à cette époque l'esprit humain n'étoit point encore susceptible de l'abstraction nécessaire pour concevoir beaucoup de résultats. Mais l'ébranlement que les chants ossianiques causent à l'imagination, dispose la pensée aux méditations les plus profondes.

La poésie mélancolique est la poésie la plus d'accord avec la philosophie. La tristesse fait pénétrer bien plus avant dans le caractère et la destinée de l'homme, que toute autre disposition de l'ame. Les poètes anglais qui ont succédé aux Bardes Ecossais, ont ajouté à leurs tableaux les réflexions et les idées que ces tableaux même devoient faire naître; mais ils ont conservé l'imagination du nord, celle qui se plaît sur le bord de la mer, au bruit des vents, dans les bruyères sauvages; celle enfin qui porte vers l'avenir, vers un autre monde, l'ame fatiguée de sa destinée. L'imagination des hommes du nord s'élance au-delà de cette terre dont ils habitoient les confins; elle s'élance à travers les nuages qui bordent leur horizon, et semblent représenter l'obscur passage de la vie à l'éternité.

L'on ne peut décider d'une manière générale entre les deux genres de poésie dont Homère et Ossian sont comme les premiers modèles. Toutes mes impressions, toutes mes idées me portent de préférence vers la littérature du nord; mais ce dont il s'agit maintenant, c'est d'examiner ses caractères distinctifs.

Le climat est certainement l'une des raisons principales des différences qui existent entre les images qui plaisent dans le nord, et celles qu'on aime à se rappeler dans le midi. Les rêveries des poètes peuvent enfanter des objets extraordinaires ; mais les impressions d'habitude se retrouvent nécessairement dans tout ce que l'on compose. Eviter le souvenir de ces impressions, ce seroit perdre le plus grand des avantages, celui de peindre ce qu'on a soi-même éprouvé. Les poètes du midi mêlent sans cesse l'image de la fraîcheur, des bois touffus, des ruisseaux limpides, à tous les sentimens de la vie. Ils ne se retracent pas même les jouissances du cœur, sans y mêler l'idée de l'ombre bienfaisante, qui doit les préserver des brûlantes ardeurs du soleil. Cette nature si vive qui les environne, excite en eux plus de mouvemens que de pensées. C'est à tort, ce me semble, qu'on a dit que les passions étoient plus violentes dans le midi que dans le nord. On y voit plus d'intérêts divers, mais moins d'intensité dans une même pensée ; or c'est la fixité qui produit les miracles de la passion et de la volonté.

Les peuples du nord sont moins occupés des plaisirs que de la douleur ; et leur imagination n'en est que plus féconde. Le spectacle de la nature agit fortement sur eux ; elle agit, comme elle se montre dans leurs climats, toujours sombre et nébuleuse. Sans doute les diverses circonstances de la vie peuvent varier cette disposition à la mélancolie ; mais elle porte seule l'empreinte de l'esprit national. Il ne faut chercher dans un peuple, comme dans un homme, que son trait caractéristique : tous les autres sont l'effet de mille hasards différens ; celui-là seul constitue son être.

La poésie du nord convient beaucoup plus que celle du midi à l'esprit d'un peuple libre. Les premiers inventeurs connus de la littérature du midi, les Athéniens, ont été la nation du monde la plus jalouse de son indépendance. Néanmoins il étoit plus facile de façonner à la servitude les Grecs que les hommes du nord. L'amour des arts, la beauté du climat, toutes ces jouissances prodiguées aux Athéniens, pouvoient leur servir de dédommagement. L'indépendance étoit le premier et l'unique bonheur des peuples septentrionaux. Une certaine fierté d'ame, un détachement de la vie, que font naître, et l'âpreté du sol, et la tristesse du ciel, devoient rendre la servitude insupportable; et long-temps avant que l'on connût en Angleterre, et la théorie des constitutions, et l'avantage des gouvernemens représentatifs, l'esprit guerrier que les poésies Erses et Scandinaves chantent avec tant d'enthousiasme, donnoit à l'homme une idée prodigieuse de sa force individuelle et de la puissance de sa volonté. L'indépendance existoit pour chacun, avant que la liberté fût constituée pour tous.

 La philosophie, à la renaissance des lettres, a commencé par les nations septentrionales, dans les habitudes religieuses desquels la raison trouvoit à combattre infiniment moins de préjugés que dans celles des peuples méridionaux. La poésie antique du nord suppose beaucoup moins de superstition que la mythologie grecque. Il y a quelques dogmes et quelques fables absurdes dans l'Edda; mais les idées religieuses du nord conviennent presque toutes à la raison exaltée. Les ombres penchées sur les nuages, ne sont que des souvenirs animés par des images sensibles (1).

Les émotions causées par les poésies ossianiques, peuvent se reproduire dans toutes les nations, parce que leurs moyens d'émouvoir sont tous pris dans la nature; mais il faut un talent prodigieux pour introduire, sans affectation, la mythologie grecque dans la poésie française. Rien ne

---

(1) On a prétendu qu'il n'y avoit point d'idées religieuses dans l'Ossian. Il n'y a point de mythologie; mais on y retrouve sans cesse une élévation d'ame, un respect pour les morts, une confiance dans une existence à venir; sentimens beaucoup plus analogues au caractère du christianisme que le paganisme du midi. La monotonie du poëme de Fingal ne tient point à l'absence de la mythologie; j'en ai dit les diverses causes. Les modernes seroient condamnés aussi à la monotonie, si les fables des Grecs étoient le seul moyen de varier les ouvrages d'imagination; car plus ces fables sont dignes d'admiration dans les poètes anciens qui les ont employées, plus il est difficile à nos poètes de s'en servir. L'on est bien vîte fatigué d'une imagination qui s'exerce sur un sujet dans lequel il ne lui est pas permis de rien inventer.

doit être, en général, si froid et si recherché que des dogmes religieux transportés dans un pays où ils ne sont reçus que comme des métaphores ingénieuses. La poésie du nord est rarement allégorique ; aucun de ses effets n'a besoin de superstitions locales pour frapper l'imagination. Un enthousiasme réfléchi, une exaltation pure, peuvent également convenir à tous les peuples; c'est la véritable inspiration poétique dont le sentiment est dans tous les cœurs, mais dont l'expression est le don du génie. Elle entretient une rêverie céleste qui fait aimer la campagne et la solitude ; elle porte souvent le cœur vers les idées religieuses, et doit exciter dans les êtres privilégiés le dévouement des vertus et l'inspiration des pensées élevées.

Ce que l'homme a fait de plus grand, il le doit au sentiment douloureux de l'incomplet de sa destinée. Les esprits médiocres sont, en général, assez satisfaits de la vie commune; ils arrondissent, pour ainsi dire, leur existence, et suppléent à ce qui peut leur manquer encore, par les illusions de la vanité ; mais le sublime de l'esprit, des sentimens et des actions doit son essor au besoin d'échapper aux bornes qui circonscrivent l'imagination. L'héroïsme de la morale, l'enthousiasme de l'éloquence, l'ambition de la gloire donnent des jouissances surnaturelles qui ne sont nécessaires qu'aux ames à-la-fois exaltées et mélancoliques, fatiguées de tout ce qui se mesure, de tout ce qui est passager, d'un terme enfin, à quelque distance qu'on le place. C'est cette disposition de l'ame, source de toutes les passions généreuses, comme de toutes les idées philosophiques, qu'inspire particulièrement la poésie du nord.

Je suis loin de comparer le génie d'Homère à celui d'Ossian. Ce que nous connoissons d'Ossian ne peut être considéré comme un ouvrage ; c'est un recueil des chansons populaires qui se répétoient dans les montagnes d'Ecosse. Avant qu'Homère eût composé son poëme, d'anciennes traditions existoient sans doute en Grèce. Les poésies d'Ossian ne sont pas plus avancées dans l'art poétique, que ne devoient l'être les chants des Grecs avant Homère (1). Aucune parité ne peut donc être établie avec justice entre l'Iliade et le poëme de Fingal. Mais on peut toujours juger si les images de la nature, telles qu'elles sont représentées dans le midi, excitent des émotions aussi nobles et aussi pures que celles du nord; si les images du midi, plus brillantes à quelques égards, font naître autant de pensées, ont un rapport aussi immédiat avec les sentimens de l'ame. Les idées philosophiques s'unissent comme d'elles-mêmes aux images sombres. La poésie du midi, loin de s'accorder, comme celle du nord, avec la méditation, et d'inspirer, pour ainsi dire, ce que la réflexion doit prouver; la poésie voluptueuse exclut presqu'entièrement les idées d'un certain ordre.

On reproche à Ossian sa monotonie. Ce

---

(1) L'on a écrit que j'avois comparé Homère à Ossian ; et je n'ai pas changé dans cette seconde édition un mot à ce morceau. L'on se permet aujourd'hui de dire précisément le contraire de la vérité ; et cela sert auprès de ceux qui ne lisent pas. Ils ne peuvent pas se persuader que l'on avance dans une critique, quelque partiale qu'elle soit, précisément l'opposé de ce qui est.

défaut existe moins dans les divers poésies qui dérivent de la sienne, celles des Anglais et des Allemands. La culture, l'industrie, le commerce ont varié de plusieurs manières les tableaux de la campagne. Néanmoins l'imagination septentrionale conservant toujours à-peu-près le même caractère, on doit trouver encore, même dans Young, Thompson, Klopstock, &c. une sorte d'uniformité. La poésie mélancolique ne peut pas se varier sans cesse. Le frémissement que produisent dans tout notre être de certaines beautés de la nature, est une sensation toujours la même; l'émotion que nous causent les vers qui nous retracent cette sensation, a beaucoup d'analogie avec l'effet de l'harmonica. L'ame, doucement ébranlée, se plaît dans la prolongation de cet état, aussi long-temps qu'il lui est possible de le supporter. Et ce n'est pas le défaut de la poésie, c'est la foiblesse de nos organes qui nous fait sentir la fatigue au bout de quelque temps; ce qu'on éprouve alors, ce n'est pas l'ennui de la monotonie, c'est la lassitude que causeroit le plaisir trop continu d'une musique aérienne.

Les grands effets dramatiques des Anglais, et après eux des Allemands, ne sont point tirés des sujets grecs, ni de leurs dogmes mythologiques. Les Anglais et les Allemands excitent la terreur par d'autres superstitions plus analogues aux crédulités des derniers siècles. Ils ont su l'exciter sur-tout par la peinture du malheur, que ces ames énergiques et profondes ressentoient si douloureusement. C'est, comme je l'ai déjà dit, des opinions religieuses que dépend, en grande partie, l'effet que produit sur l'homme l'idée de la mort. Les Bardes écossais ont eu, dans tous les temps, un culte plus sombre et plus spiritualisé que celui du midi. La religion chrétienne, qui, séparée des inventions sacerdotales, est assez rapprochée du pur déisme, a fait disparoître ce cortége d'imagination qui environnoit l'homme aux portes du tombeau. La nature, que les anciens avoient peuplée d'êtres protecteurs qui habitoient les forêts et les fleuves, et présidoient à la nuit comme au jour; la nature est rentrée dans sa solitude, et l'effroi de l'homme s'en est accru. La religion chrétienne, la plus philosophique de toutes, est celle qui livre le plus l'homme à lui-même. Les tragiques du nord ne se sont pas toujours contentés des effets naturels qui naissent du tableau des affections de l'ame, ils se sont aidés des apparitions, des spectres, d'une sorte de superstition analogue à leur sombre imagination ; mais quelque profonde que soit la terreur qu'on peut produire une fois avec de tels moyens, c'est plutôt un défaut qu'une beauté.

Le talent du poète dramatique s'augmente lorsqu'il vit au milieu d'une nation qui ne se prête pas trop facilement à la crédulité. Il faut alors qu'il cherche dans le cœur humain les sources de l'émotion, qu'il fasse sortir d'une expression éloquente, d'un sentiment de l'ame, d'un remords solitaire, les fantômes effrayans qui doivent frapper l'imagination. Le merveilleux étonne ; mais de quelque manière qu'on le combine, il n'égalera jamais l'impression d'un événement naturel, lorsque cet événement rassemble tout ce qui peut remuer les affections de l'ame; et les Euménides poursuivant Oreste, sont moins terribles que le sommeil de lady Macbeth.

Les peuples septentrionaux, à en juger par les traditions qui nous restent et par les mœurs des Germains, ont eu de tout temps un respect pour les femmes, inconnu aux peuples du midi; elles jouissoient dans le nord de l'indépendance, tandis qu'on les condamnoit ailleurs à la servitude. C'est encore une des principales causes de la sensibilité qui caractérise la littérature du nord.

L'histoire de l'amour, dans tous les pays, peut être considérée sous un point de vue philosophique. Il semble que la peinture de ce sentiment devroit dépendre uniquement de ce qu'éprouve l'écrivain qui l'exprime. Et tel est cependant l'ascendant qu'exercent sur les écrivains les mœurs qui les environnent, qu'ils y soumettent jusqu'à la langue de leurs affections les plus intimes. Il se peut que Pétrarque ait été plus amoureux dans sa vie que l'auteur de Verther, que plusieurs poètes anglais, tels que Pope, Thompson, Otway. Néanmoins ne croiroit-on pas, en lisant les écrivains du nord, que c'est une autre nature, d'autres relations, un autre monde? La perfection de quelques-unes de ces poésies prouve , sans doute , le génie de leurs auteurs ; mais il n'en est pas moins certain qu'en Italie les mêmes hommes n'auroient pas composé les mêmes écrits, quand ils auroient ressenti la même passion. Tant il est vrai que les ouvrages littéraires ayant le succès pour but, l'on y retrouve communément moins de traces du caractère personnel de l'écrivain , que de l'esprit général de sa nation et de son siècle.

Enfin ce qui donne en général aux peuples modernes du nord un esprit plus philosophique qu'aux habitans du midi, c'est la religion protestante que ces peuples ont presque tous adoptée. La réformation est l'époque de l'histoire qui a le plus efficacement servi la perfectibilité de l'espèce humaine. La religion protestante ne renferme dans son sein aucun germe actif de superstition, et donne cependant à la vertu tout l'appui qu'elle peut tirer des opinions sensibles. Dans les pays où la religion protestante est professée, elle n'arrête en rien les recherches philosophiques, et maintient efficacement la pureté des mœurs. Ce seroit sortir de mon sujet que de développer davantage une pareille question.

Mais je le demande aux penseurs éclairés, s'il existe un moyen de lier la morale à l'idée d'un Dieu, sans que jamais ce moyen puisse devenir un instrument de pouvoir dans la main des hommes, une religion ainsi conçue ne seroit-elle pas le plus grand bonheur que l'on pût assurer à la nature humaine ! à la nature humaine tous les jours plus aride, tous les jours plus à plaindre, et qui brise chaque jour quelques uns des liens formés par la délicatesse, l'affection ou la bonté.

CHAPITRE XII.

Du principal défaut qu'on reproche, en France, à la Littérature du Nord.

On reproche, en France, à la littérature du nord de manquer de goût. Les écrivains du nord répondent que ce goût est une législation purement arbitraire, qui prive souvent le sentiment et la pensée de leurs beautés les plus originales. Il existe, je crois, un point juste entre ces deux opinions. Les règles du goût ne sont point arbitraires; il ne faut pas confondre les bases principales sur lesquelles les vérités universelles sont fondées avec les modifications causées par les circonstances locales.

Les devoirs de la vertu, ce code de principes qui a pour appui le consentement unanime de tous les peuples, reçoit quelques légers changemens, par les mœurs et les coutumes des nations diverses; et quoique les premiers rapports restent les mêmes, le rang de telle ou telle vertu peut varier selon les habitudes et les gouvernemens des peuples. Le goût, s'il est permis de le comparer à ce qu'il y a de plus grand parmi les hommes, le goût est fixe aussi dans ses principes généraux. Le goût national doit être jugé d'après ces principes ; et selon qu'il en diffère ou qu'il s'en rapproche, le goût national est plus près de la vérité.

On dit souvent : Faut-il sacrifier le génie au goût ? Non, sans doute ; mais jamais le goût n'exige le sacrifice du génie. Vous trouvez souvent dans la littérature du nord des scènes ridicules à côté de grandes beautés. Ce qui est de bon goût dans de tels écrits, ce sont les grandes beautés ; et ce qu'il falloit en retrancher, c'est ce que le goût condamne. Il n'existe de connexion nécessaire entre les défauts et les beautés, que par la foiblesse humaine, qui ne permet pas de se soutenir toujours à la même hauteur. Les défauts ne sont point une conséquence des beautés ; elles peuvent les faire oublier. Mais loin que ces défauts prêtent au talent aucun éclat, souvent ils affoiblissent l'impression qu'il doit produire.

Si l'on demande ce qui vaut mieux d'un ouvrage avec de grands défauts et de grandes beautés, ou d'un ouvrage médiocre et correct, je répondrai, sans hésiter, qu'il faut préférer l'ouvrage où il existe, ne fût-ce qu'un seul trait de génie. Il y a foiblesse dans la nation qui ne s'attache qu'au ridicule, si facile à saisir et à éviter, au lieu de chercher avant tout, dans les pensées de l'homme, ce qui agrandit l'ame et l'esprit. Le mérite négatif ne peut donner aucune jouissance ; mais beaucoup de gens ne demandent à la vie que l'absence de peines, aux écrits que l'absence de fautes, à tout que des absences. Les ames fortes veulent exister ; et pour exister en lisant, il faut rencontrer dans les écrits des idées nouvelles ou des sentimens passionnés.

Il y a en français des ouvrages où l'on trouve des beautés du premier ordre, sans le mélange du mauvais goût. Ceux-là sont les seuls modèles qui réunissent à-la-fois toutes les qualités littéraires.

Parmi les hommes de lettres du nord, il existe une bizarrerie qui dépend plus, pour ainsi dire, de l'esprit de parti que du jugement. Ils tiennent aux défauts de leurs écrivains presqu'autant qu'à leurs beautés; tandis qu'ils devroient se dire, comme une femme d'esprit, en parlant des foiblesses d'un héros : *C'est malgré cela, et non à cause de cela, qu'il est grand.*

Ce que l'homme cherche dans les chefs-d'œuvre de l'imagination, ce sont des impressions agréables. Or le goût n'est que l'art de connoître et de prévoir ce qui peut causer ces impressions. Quand vous rappelez des objets dégoûtans, vous excitez une impression fâcheuse, qu'on fuiroit avec soin dans la réalité; quand vous changez la terreur morale en effroi physique, par la représentation de scènes horribles en elles-mêmes, vous perdez tout le charme de l'imitation, vous ne donnez qu'une commotion nerveuse, et vous pouvez manquer jusqu'à ce pénible effet, si vous avez voulu le pousser trop loin : car au théâtre, comme dans la vie, quand l'exagération est apperçue, on ne tient plus compte, même du vrai. Si vous prolongez les développemens, si vous mettez de l'obscurité dans les discours ou de l'invraisemblance dans les événemens, vous suspendez ou vous détruisez l'intérêt par la fatigue de l'attention. Si vous rapprochez des tableaux ignobles de personnages héroïques, il est à craindre qu'il vous soit difficile de faire renaître l'illusion théâtrale : elle est d'une nature extrêmement délicate; et la plus légère circonstance peut tirer les spectateurs de leur enchantement. Ce qui est simple repose la pensée, et lui donne de nouvelles forces; mais ce qui est bas pourroit ôter jusqu'à la possibilité de reprendre à l'intérêt des pensées nobles et relevées.

Les beautés de Shakespear peuvent, en Angleterre, triompher de ses défauts : mais ils diminuent beaucoup de sa gloire parmi les autres nations. La surprise est certainement un grand moyen d'ajouter à l'effet; mais il seroit ridicule d'en conclure que l'on doive faire précéder une scène tragique d'une scène comique, pour augmenter l'étonnement par le contraste. Un beau trait, au milieu de négligences grossières, peut frapper davantage l'esprit; mais l'ensemble y perd plus que ne peut y gagner l'exception. La surprise doit naître de la grandeur en elle-même, et non de son opposition avec les petitesses, de quelque genre qu'elles soient. La peinture veut des ombres, mais non pas des taches pour relever l'éclat des couleurs. La littérature doit suivre les mêmes principes. La nature en offre le modèle, et le bon goût ne doit être que l'observation raisonnée de la nature.

On pourroit pousser beaucoup plus loin ces développemens; mais il suffit de prouver que le goût, en littérature, n'exige jamais le sacrifice d'aucune jouissance : il indique, au contraire, les moyens de les augmenter ; et loin que les principes du goût soient incompatibles avec le génie, c'est en étudiant le génie qu'on a découvert ces principes.

Je ne reprocherai point à Shakespear de s'être affranchi des règles de l'art ; elles ont infiniment moins d'importance que celles du goût, parce que les unes prescrivent ce qu'il faut faire, et que les autres se bornent à défendre ce qu'on doit éviter. L'on ne peut se tromper sur ce qui est mauvais, tandis qu'il est impossible de tracer des limites aux diverses combinaisons d'un homme de génie ; il peut suivre des routes entièrement nouvelles, sans manquer cependant son but. Les règles de l'art sont un calcul de probabilités sur les moyens de réussir; et si le succès est obtenu, il importe peu de s'y être soumis. Mais il n'en est pas de même du goût; car se mettre au-dessus de lui, c'est s'écarter de la beauté même de la nature; et il n'y a rien au-dessus d'elle.

Ne disons donc pas que Shakespear a su se passer de goût, et se montrer supérieur à ses loix. Reconnoissons, au contraire, qu'il a du goût quand il est sublime, et qu'il manque de goût quand son talent foiblit.

CHAPITRE XIII.

Des Tragédies de Shakespear (1).

Les Anglais ont pour Shakespear l'enthousiasme le plus profond qu'aucun peuple ait jamais ressenti pour un écrivain. Les peuples libres ont un esprit de propriété pour tous les genres de gloire qui illustrent leur patrie ; et ce sentiment doit inspirer une admiration, qui exclut toute espèce de critique.

---

(1) Je n'ai pas cité les ouvrages anglais qui traitent de la littérature anglaise, et en particulier la Rhétorique du docteur Blair, parce que le but ni les idées de ces écrivains n'avoient aucun rapport avec le plan général que je m'étois proposé dans cet ouvrage, ni avec l'indépendance que je voulois porter dans mes jugemens sur les écrivains étrangers. Blair donnoit des leçons à ses écoliers sur l'art de l'éloquence, et indiquoit tous les exemples anciens et modernes qui pouvoient appuyer ses préceptes. Son livre est un des meilleurs que possède l'Angleterre ; mais il a été composé pour les jeunes gens, et ne devoit contenir

Il y a dans Shakespear des beautés du premier genre, et de tous les pays comme de tous les temps, des défauts qui appartiennent à son siècle, et des singularités tellement populaires parmi les Anglais, qu'elles ont encore le plus grand succès sur leur théâtre. Ce sont ces beautés et ces bizarreries que je veux examiner dans leur rapport avec l'esprit national de l'Angleterre et le génie de la littérature du nord.

Shakespear n'a point imité les anciens; il ne s'est point nourri, comme Racine, des tragédies grecques. Il a fait une pièce sur un sujet grec, *Troïle et Cressidre*, et les mœurs d'Homère n'y sont point observées. Il est

---

que les idées analogues à ce dessein. D'ailleurs le docteur Blair n'auroit pu juger en Angleterre Shakespear avec l'impartialité d'un étranger; il n'auroit pu comparer la plaisanterie anglaise avec la plaisanterie française : ses études ne le conduisoient pas à ce genre d'observations; il auroit pu encore moins, par des raisons de convenance relatives à son état, parler des romans avec éloge, et des philosophes anglais avec indépendance. Il n'y avoit donc rien dans son livre, quelqu'excellent qu'il soit, que je pusse citer dans le mien.

I.　　　　　　　　　　　　　　x

bien plus admirable dans ses tragédies sur des sujets romains. Mais l'histoire, mais les vies de Plutarque, que Shakespear paroît avoir lues avec le plus grand soin, ne sont point une étude purement littéraire ; on peut y observer l'homme presque comme vivant. Lorsqu'on se pénètre uniquement des modèles de l'art dramatique dans l'antiquité; lorsqu'on imite l'imitation, on a moins d'originalité; on n'a pas ce génie qui peint d'après nature, ce génie immédiat, si je puis m'exprimer ainsi, qui caractérise particulièrement Shakespear. Depuis les Grecs jusqu'à lui, nous voyons toutes les littératures dériver les unes des autres, en partant de la même source. Shakespear commence une littérature nouvelle; il est empreint, sans doute, de l'esprit et de la couleur générale des poésies du nord : mais c'est lui qui a donné à la littérature des Anglais son impulsion, et à leur art dramatique son caractère.

Une nation devenue libre, dont les passions ont été fortement agitées par les horreurs des guerres civiles, est beaucoup plus susceptible de l'émotion excitée par Shakespear, que de celle causée par Ra-

cine. Le malheur, alors qu'il pèse long-
temps sur les peuples, leur donne un caractère que la prospérité même qui succède
ne peut point effacer. Shakespear, égalé
quelquefois depuis par des auteurs anglais
et allemands, est l'écrivain qui a peint le
premier la douleur morale au plus haut
degré ; l'amertume de souffrance dont il
donne l'idée pourroit presque passer pour
une invention, si la nature ne s'y reconnoissoit pas.

Les anciens croyoient au fatalisme qui
frappe comme la foudre et renverse comme
elle. Les modernes, et sur-tout Shakespear,
trouvent de plus profondes sources d'émotions dans la nécessité philosophique. Elle se
compose du souvenir de tant de malheurs
irréparables, de tant d'efforts inutiles, de
tant d'espérances trompées. Les anciens habitoient un monde trop nouveau, possédoient encore trop peu d'histoires, étoient
trop avides d'avenir pour que le malheur
qu'ils peignoient, fût jamais aussi déchirant
que dans les pièces anglaises.

La terreur de la mort, sentiment dont les
anciens, par religion et par stoïcisme, ont

rarement développé les effets, Shakespear l'a représentée sous tous les aspects. Il fait sentir cette impression redoutable, ce frisson glacé qu'éprouve l'homme alors que, plein de vie, il apprend qu'il va périr. Dans les tragédies de Shakespear, l'enfance et la vieillesse, le crime et la vertu, reçoivent la mort, et expriment tous les mouvemens naturels à cette situation. Quel attendrissement n'éprouve-t-on pas lorsqu'on entend les plaintes d'Arthur, jeune enfant dévoué à la mort par l'ordre du roi Jean, ou lorsque l'assassin Tirrel vient raconter à Richard III le paisible sommeil des enfans d'Edouard? Quand on peint un héros prêt à perdre l'existence, le souvenir de ce qu'il a fait, la grandeur de son caractère, captivent tout l'intérêt. Mais lorsqu'on représente des hommes d'une ame foible et d'une destinée sans gloire, tels que Henri VI, Richard II, le roi Léar, condamnés à périr, le grand débat de la nature entre l'existence et le néant absorbe seul l'attention des spectateurs. Shakespear a su peindre avec génie ce mélange de mouvemens physiques et de réflexions morales qu'inspire l'approche de la mort, alors que des passions enivrantes n'enlèvent pas l'homme à lui-même.

Un sentiment, aussi, que Shakespear seul a su rendre théâtral, c'est la pitié, sans aucun mélange d'admiration pour celui qui souffre (1), la pitié pour un être insignifiant (2) et quelquefois même méprisable (3). Il faut un talent infini, pour transporter ce sentiment, de la vie au théâtre, en lui conservant toute sa force; mais quand on y est parvenu, l'effet qu'il produit est d'une plus grande vérité que tout autre : ce n'est pas au grand homme, c'est à l'homme que l'on s'intéresse; l'on n'est point alors ému par des sentimens qui sont quelquefois de convention tragique, mais par une impression tellement rapprochée des impressions de la vie, que l'illusion en est plus grande.

Lors même que Shakespear représente des personnages dont la destinée a été illus-

---

(1) La mort de Catherine d'Arragon, dans Henri VIII.

(2) Le duc de Clarence, dans Richard III.

(3) Le cardinal de Volsey, dans Henri VIII.

tre, il intéresse ses spectateurs à eux par des sentimens purement naturels. Les circonstances sont grandes ; mais l'homme diffère moins des autres hommes que dans nos tragédies. Shakespear vous fait pénétrer intimement dans la gloire qu'il vous peint; vous passez, en l'écoutant, par toutes les nuances, par toutes les gradations qui mènent à l'héroïsme, et votre ame arrive à cette hauteur sans être sortie d'elle-même.

La fierté nationale des Anglais, ce sentiment développé par un amour jaloux de la liberté, se prête moins que l'esprit chevaleresque de la monarchie française au fanatisme pour quelques chefs. On veut récompenser, en Angleterre, les services d'un bon citoyen; mais on n'y a point de penchant pour cet enthousiasme sans mesure qui étoit dans les institutions, les habitudes et le caractère des Français. Cette répugnance orgueilleuse pour l'enthousiasme de l'obéissance, qui a été de tout temps le caractère des Anglais, a dû inspirer à leur poète national l'idée d'obtenir l'attendrissement plutôt par la pitié que par l'admiration. Les larmes que nous donnons aux sublimes caractères de nos tragédies, l'auteur anglais les fait couler pour la souffrance obscure, abandonnée, pour cette suite d'infortunes qu'on ne peut connoître dans Shakespear sans acquérir quelque chose de l'expérience même de la vie.

S'il excelle à peindre la pitié, quelle énergie dans la terreur ! C'est du crime qu'il fait sortir l'effroi. On pourroit dire du crime peint par Shakespear, comme la Bible de la mort, qu'il est *le roi des épouvantemens*. Combien sont habilement combinés, dans Macbeth, les remords et la superstition croissante avec les remords !

La sorcellerie est en elle-même beaucoup plus effrayante que les dogmes religieux les plus absurdes. Ce qui est inconnu, ce qui n'est guidé par aucune volonté intelligente; porte la crainte au dernier degré. Dans un système de religion quelconque, la terreur sait toujours à quel point elle doit s'arrêter; elle se fonde toujours du moins sur quelques motifs raisonnés : mais le chaos de la magie jette dans la tête le désordre le plus complet.

Shakespear, dans Macbeth, admet du

fatalisme ce qu'il en faut pour faire pardonner au criminel ; mais il ne se dispense pas, par ce fatalisme, de la gradation philosophique des sentimens de l'ame. Cette pièce seroit encore plus admirable, si ses grands effets étoient produits sans le secours du merveilleux ; mais ce merveilleux n'est, pour ainsi dire, que les fantômes de l'imagination, qu'on fait apparoître aux regards du spectateur. Ce ne sont point des personnages mythologiques, apportant leurs volontés supposées ou leur froide nature au milieu des intérêts des hommes ; c'est le merveilleux des rêves, lorsque les passions sont fortement agitées. Il y a toujours quelque chose de philosophique dans le surnaturel employé par Shakespear. Lorsque les sorcières annoncent à Macbeth qu'il sera roi, lorsqu'elles reviennent lui répéter cette prédiction au moment où il hésite à suivre les sanglans conseils de sa femme, qui ne voit que c'est la lutte intérieure de l'ambition et de la vertu, que l'auteur a voulu représenter sous ces formes effrayantes ?

Il n'a point eu recours à ce moyen dans Richard III. Il nous l'a peint cependant plus criminel encore que Macbeth; mais il vouloit montrer ce caractère sans remords, sans combats, sans mouvemens involontaires, cruel comme un animal féroce, non comme un homme coupable, dont les premiers sentimens avoient été vertueux. Les profondeurs du crime s'ouvrent aux regards de Shakespear; et c'est dans ce Ténare qu'il sait descendre pour en observer les tourmens.

Dans les monarchies absolues, les grands crimes politiques ne peuvent être commis que par la volonté des rois; et ces crimes, il n'est pas permis de les représenter devant leurs successeurs (1). En Angleterre, les troubles civils qui ont précédé la liberté, et qui étoient toujours causés par l'esprit d'indépendance, ont fait naître beaucoup plus souvent qu'en France de grands crimes et de grandes vertus. Les Anglais ont, dans leur histoire, beaucoup plus de situations tragiques que les Français; et rien ne s'oppose à ce qu'ils

---

(1) Charles IX est la première tragédie dans laquelle un roi de France coupable ait été représenté sur le théâtre, la monarchie existant encore.

exercent leurs talens sur ces sujets, dont l'intérêt est national.

Presque toutes les littératures d'Europe ont débuté par l'affectation. Les lettres ayant recommencé dans l'Italie, les pays où elles arrivèrent ensuite, imitèrent d'abord le genre italien. Le nord a été plus vîte affranchi que la France de ce genre recherché, dont on apperçoit des traces dans les anciens poètes anglais, Waller, Cowley, &c. Les guerres civiles et l'esprit philosophique ont corrigé de ce faux goût; car le malheur, dont les impressions ne sont que trop vraies, exclut les sentimens affectés, et la raison fait disparoître les expressions qui manquent de justesse. Néanmoins on trouve encore dans Shakespear quelques tournures recherchées, à côté de la plus énergique peinture des passions. Il y a quelques imitations des défauts de la littérature italiennne dans le sujet italien de Roméo et Juliette; mais comme le poète anglais se relève de ce misérable genre! comme il sait imprimer son ame du nord à la peinture de l'amour!

Dans Othello, l'amour est caractérisé sous

des traits bien différens que dans Roméo et Juliette. Mais qu'il y est grand ! qu'il y est énergique ! comme Shakespear a bien saisi ce qui forme le lien des deux sexes, le courage et la foiblesse ! Lorsqu'Othello proteste devant le sénat de Venise, que le seul art qu'il ait employé pour séduire Desdemona, c'est le récit des périls auxquels il avoit été exposé (1), comme ce qu'il dit est trouvé vrai par toutes les femmes ! comme elles savent que ce n'est pas dans la flatterie que consiste l'art tout-puissant des hommes pour se faire aimer d'elles ! La protection tutélaire qu'ils peuvent accorder au timide objet de leur choix, la gloire qu'ils peuvent réfléchir sur une foible vie, est leur charme le plus irrésistible.

Les mœurs d'Angleterre, par rapport à l'existence des femmes, n'étoient point en-

---

(1) Quels vers charmans que ceux qui terminent la justification d'Othello, et que la Harpe a si bien traduits !

<blockquote>She loved me for the dangers I had past
And I loved her that she did pity them.</blockquote>

Elle aima mes malheurs, et j'aimai sa pitié.

core formées du temps de Shakespear; les troubles politiques avoient empêché toutes les habitudes sociales. Le rang des femmes, dans les tragédies, étoit donc absolument livré à la volonté de l'auteur : aussi Shakespear, en parlant d'elles, se sert, tantôt de la plus noble langue que puisse inspirer l'amour, tantôt du mauvais goût le plus populaire. Ce génie que la passion avoit doué, étoit inspiré par elle, comme les prêtres par leur dieu ; il rendoit des oracles lorsqu'il étoit agité ; il n'étoit plus qu'un homme lorsque calme rentroit dans son ame.

Ses pièces tirées de l'histoire anglaise, telles que les deux sur Henri IV, celle sur Henri V, les trois sur Henri VI, ont beaucoup de succès en Angleterre ; mais je les crois cependant très-inférieures, en général, à ses tragédies d'invention, le Roi Léar, Macbeth, Hamlet, Roméo et Juliette. Les irrégularités de temps et de lieux y sont beaucoup plus remarquables. Enfin Shakespear y cède plus que dans toutes les autres à la popularité. La découverte de l'imprimerie a nécessairement diminué la condescendance des auteurs pour le goût national ; ils pensent davantage à l'opinion de l'Europe; et quoiqu'il importe que les pièces qui doivent être jouées aient avant tout du succès à la représentation, depuis que leur gloire peut s'étendre aux autres nations, les écrivains évitent davantage les allusions, les plaisanteries, les personnages, qui ne peuvent plaire qu'au peuple de leur pays. Les Anglais cependant se soumettront le plus tard possible au bon goût général; leur liberté étant fondée sur l'orgueil national plus encore que sur les idées philosophiques, ils repoussent tout ce qui leur vient des étrangers, en littérature comme en politique.

Pour juger quels sont les effets de la tragédie anglaise qu'il nous conviendroit d'adapter à notre théâtre, un examen resteroit à faire : ce seroit de bien distinguer, dans les pièces de Shakespear, ce qu'il a accordé au desir de plaire au peuple, les fautes réelles qu'il a commises, et les beautés hardies que n'admettent pas les sévères règles de la tragédie en France.

La foule des spectateurs, en Angleterre, exige qu'on fasse succéder les scènes comiques aux effets tragiques. Le contraste de ce qui est noble avec ce qui ne l'est pas, produit néanmoins toujours, comme je l'ai déjà dit, une désagréable impression sur les hommes de goût. Le genre noble veut des nuances ; mais des oppositions trop fortes ne sont que de la bizarrerie. Les jeux de mots, les équivoques licencieuses, les contes populaires, les proverbes qui s'entassent successivement dans les vieilles nations, et sont, pour ainsi dire, les idées patrimoniales des hommes du peuple, tous ces moyens, qui sont applaudis de la multitude, sont critiqués par la raison. Ils n'ont aucun rapport avec les sublimes effets que Shakespear sait tirer des mots simples, des circonstances vulgaires placées avec art, et qu'à tort nous n'oserions pas admettre sur notre théâtre.

Shakespear a fait, dans ses tragédies, la part des esprits grossiers. Il s'est mis à l'abri du jugement du goût, en se rendant l'objet du fanatisme populaire. Il s'est alors conduit comme un habile chef de parti, mais non comme un bon écrivain.

Les peuples du nord ont existé, pendant

plusieurs siècles, dans un état tout-à-la-fois social et barbare, qui a dû long-temps laisser parmi les hommes beaucoup de souvenirs grossiers et féroces. Shakespear conserve encore des traces de ces souvenirs. Plusieurs de ses caractères sont peints avec les seuls traits admirés dans ces siècles où l'on ne vivoit que pour les combats, la force physique et le courage militaire.

Shakespear se ressent aussi de l'ignorance où l'on étoit de son temps sur les principes de la littérature. Ses pièces sont supérieures aux tragédies grecques, pour la philosophie des passions et la connoissance des hommes (1); mais elles sont beaucoup plus reculées sous le rapport de la perfection de l'art. Des longueurs, des répétitions inutiles, des images incohérentes

---

(1) Parmi la foule de traits philosophiques que l'on remarque dans les pièces de Shakespear, même les moins célèbres, il en est un qui m'a singulièrement frappée. Lorsque dans la pièce intitulée *Measure for Measure*, Lucien, l'ami de Claudio frère d'Isabelle, la presse d'aller demander sa grace au gouverneur Angelo, qui a condamné ce frère à mort ; Isabelle, jeune et timide, lui répond qu'elle craint que sa dé-

peuvent être souvent reprochées à Shakespear. Le spectateur étoit alors trop facile à intéresser, pour que l'auteur fût aussi sévère envers lui-même qu'il auroit dû l'être. Il faut, pour qu'un poète dramatique se perfectionne autant que son talent peut le permettre, qu'il ne s'attende à être jugé, ni par des vieillards blasés, ni par des jeunes gens qui trouvent leur émotion en eux-mêmes.

Les Français ont souvent condamné les

---

marche ne soit inutile, qu'Angelo ne soit irrité, inflexible, &c. Lucien insiste, et lui dit :

> . . . . Our doubts are traitors,
> And make us lose the good we might win,
> By fearing to attempt. . . . .

Nos doutes sont des traîtres qui nous font perdre le bien que nous pourrions faire, en nous détournant de l'essayer.

Qui peut avoir vécu dans une révolution, et n'être pas convaincu de la vérité de ces paroles ! Que de détours on emploie pour se persuader à soi-même qu'on ne peut pas rendre un service, lorsqu'on craint de se compromettre en l'essayant ! *Je vous nuirois si je vous défendois*, disent un certain nombre d'amis prudens qui conserveroient cette même discrétion, jusques et compris votre arrêt de mort.

scènes d'horreur que Shakespear représente. Ce n'est pas comme excitant une trop forte émotion, mais comme détruisant quelquefois jusqu'à l'illusion théâtrale, qu'elles me paroissent susceptibles de critique. D'abord il est démontré que de certaines situations, seulement effrayantes, que les mauvais imitateurs de Shakespear ont voulu représenter, ne produisent qu'une sensation physique désagréable, et aucun des plaisirs que la tragédie doit donner; mais, de plus, il y a beaucoup de situations touchantes en elles-mêmes, et qui néanmoins exigent un jeu de théâtre, fait pour distraire l'attention, et par conséquent l'intérêt.

Lorsque le gouverneur de la tour où est enfermé le jeune Arthur, fait apporter un fer chaud pour lui brûler les yeux, sans parler de l'atrocité d'une telle scène, il doit se passer là sur le théâtre une action dont l'imitation est impossible, et dont le spectateur observera tellement l'exécution, qu'il en oubliera l'effet moral.

Le caractère de Caliban, dans la Tempête, est singulièrement original; mais la forme presque animale que son costume doit lui donner, détourne l'attention de ce qu'il y a de philosophique dans la conception de ce rôle.

Une des beautés de la tragédie de Richard III, à la lecture, c'est ce qu'il dit lui-même de sa difformité naturelle. On sent que l'horreur qu'il cause doit réagir sur son ame, et la rendre plus atroce encore. Cependant qu'y a-t-il de plus difficile dans le genre noble, de plus voisin du ridicule, que l'imitation d'un homme contrefait sur la scène? Tout ce qui est dans la nature peut intéresser l'esprit ; mais il faut, au spectacle, ménager les caprices des yeux avec le plus grand scrupule ; ils peuvent détruire sans appel tout effet sérieux.

Shakespear représente aussi beaucoup trop souvent dans ses pièces la souffrance physique. Philoctète est le seul exemple d'un effet théâtral produit par elle ; et ce sont les causes héroïques de sa blessure qui permettent de fixer l'intérêt des spectateurs sur ses maux. La souffrance physique peut se raconter, mais non se voir ; ce n'est pas l'auteur, c'est l'acteur qui ne peut pas l'exprimer noblement; ce n'est pas la pensée, ce sont les sens, qui se refusent à l'effet de ce genre d'imitation.

Enfin l'un des plus grands défauts de Shakespear, c'est de n'être pas simple dans l'intervalle des morceaux sublimes. Souvent il a de l'affectation lorsqu'il n'est point exalté par son génie. L'art lui manque pour se soutenir, c'est-à-dire, pour être aussi naturel dans les scènes de transition, que dans les beaux mouvemens de l'ame.

Otway, Rowe, et quelques autres poètes anglais, Addisson excepté, ont fait des tragédies toutes dans le genre de Shakespear; et son génie, dans Venise sauvée, a presque trouvé son égal. Mais les deux situations les plus profondément tragiques que l'homme puisse concevoir, Shakespear les a peintes le premier; c'est la folie causée par le malheur, et l'isolement dans l'infortune.

Ajax est un furieux, Oreste est poursuivi par la colère des dieux, Phèdre est dévorée par la fièvre de l'amour. Mais Hamlet (1),

---

(1) Quoique parmi les belles tragédies de Shakes-

Ophélie, le Roi Léar, avec des situations et des caractères différens, ont un même caractère d'égarement (1). La douleur parle seule en eux ; l'idée dominante a fait disparoître toutes les idées communes de la vie ; tous les organes sont dérangés, hors ceux

---

pear, Hamlet soit celle où il y ait les fautes de goût les plus révoltantes, c'est une des plus belles situations qu'on puisse trouver au théâtre. L'égarement d'Hamlet est causé par la découverte d'un grand crime : la pureté de son ame ne lui avoit pas permis de le soupçonner ; mais ses organes s'altèrent en apprenant qu'une atroce perfidie a été commise, que son père en a été la victime, et que sa mère a récompensé le coupable en s'unissant à lui. Il ne dit pas un mot qui n'atteste son mépris pour l'espèce humaine, et pense plus souvent encore à se tuer qu'à punir ; noble idée du poëte d'avoir représenté l'homme vertueux ne pouvant supporter la vie, quand la scélératesse l'environne, et portant dans son sein le trouble d'un criminel, alors que la douleur lui commande une juste vengeance !

(1) Johnson a écrit qu'il considéroit la folie d'Hamlet comme une folie feinte pour parvenir plus sûrement à se venger. Il me semble néanmoins qu'en lisant cette tragédie, on distingue parfaitement dans Hamlet l'égarement réel à travers l'égarement affecté.

de la souffrance ; et ce touchant délire de l'être malheureux semble l'affranchir de la réserve timide, qui défend de s'offrir sans contrainte à la pitié. Les spectateurs refuseroient peut-être leur attendrissement à la plainte volontaire ; ils s'abandonnent à l'émotion que fait naître une douleur qui ne répond plus d'elle. La folie, telle qu'elle est peinte dans Shakespear, est le plus beau tableau du naufrage de la nature morale, quand la tempête de la vie surpasse ses forces.

Il existe sur le théâtre français de sévères règles de convenance, même pour la douleur. Elle est en scène avec elle-même ; les amis lui servent de cortége, et les ennemis de témoins. Mais ce que Shakespear a peint avec une vérité, avec une force d'ame admirable, c'est l'isolement. Il place à côté des tourmens de la douleur, l'oubli des hommes et le calme de la nature, ou bien un vieux serviteur, seul être qui se souvienne encore que son maître a été roi. C'est-là bien connoître ce qu'il y a de plus déchirant pour l'homme ; ce qui rend la douleur poignante. Celui qui souffre, celui qui meurt en produisant un grand effet quelconque de terreur ou de pitié, échappe à ce qu'il éprouve pour observer ce qu'il inspire ; mais ce qui est énergique dans le talent du poète, ce qui suppose même un caractère à l'égal du talent, c'est d'avoir conçu la douleur pesant toute entière sur la victime ; et tandis que l'homme a besoin d'appuyer sur ceux qui l'entourent jusqu'au sentiment même de sa prospérité, l'énergique et sombre imagination des Anglais nous représente l'infortuné séparé par ses revers, comme par une contagion funeste, de tous les regards, de tous les souvenirs, de tous les amis. La société lui retire ce qui est la vie, avant que la nature lui ait donné la mort.

Le théâtre de la France république admettra-t-il maintenant, comme le théâtre anglais, les héros peints avec leurs foiblesses, les vertus avec leurs inconséquences, les circonstances vulgaires à côté des situations les plus élevées ? Enfin les caractères tragiques seront-ils tirés des souvenirs, ou de l'imagination, de la vie humaine, ou du beau idéal ? C'est une question que je me propose de discuter, lorsqu'après avoir parlé des tragédies de Racine et de Voltaire, j'examinerai, dans la seconde partie de cet ouvrage, l'influence que doit avoir la révolution sur la littérature française.

CHAPITRE XIV.

De la Plaisanterie anglaise.

On peut distinguer différens genres de plaisanteries dans la littérature de tous les pays ; et rien ne sert mieux à faire connoître les mœurs d'une nation, que le caractère de gaîté le plus généralement adopté par ses écrivains. On est sérieux seul, on est gai pour les autres, sur-tout dans les écrits ; et l'on ne peut faire rire que par des idées tellement familières à ceux qui les écoutent, qu'elles les frappent à l'instant même, et n'exigent d'eux aucun effort d'attention.

Quoique la plaisanterie ne puisse se passer aussi facilement qu'un ouvrage philosophique d'un succès national ; elle est soumise, comme tout ce qui tient à l'esprit, au jugement du bon goût universel. Il faut une grande finesse pour rendre compte des causes de l'effet comique ; mais il n'en est pas moins vrai que l'assentiment général doit se réunir sur les chefs-d'œuvre en ce genre comme sur tous les autres.

La gaîté, qu'on doit, pour ainsi dire, à l'inspiration du goût et du génie ; la gaîté produite par les combinaisons de l'esprit, et la gaîté que les Anglais appellent *humour*, n'ont presque aucun rapport l'une avec l'autre ; et dans aucune de ces dénominations la gaîté du caractère n'est comprise, parce qu'il est prouvé par une foule d'exemples qu'elle n'est de rien dans le talent qui fait écrire des ouvrages gais. La gaîté de l'esprit est facile à tous les hommes qui ont de l'esprit ; mais c'est le génie d'un homme et le bon goût de plusieurs qui peuvent seuls inspirer la véritable comédie.

J'examinerai dans un des chapitres suivans par quelles raisons les Français pouvoient seuls atteindre à cette perfection de goût, de grace, de finesse et d'observation du cœur humain, qui nous a valu les chefs-d'œuvre de Molière. Cherchons maintenant à savoir pourquoi les mœurs des Anglais s'opposent au vrai génie de la gaîté.

La plupart des hommes, absorbés par les affaires, ne cherchent, en Angleterre, le plaisir que comme un délassement ; et de même que la fatigue, en excitant la faim, rend facile sur tous les mets, le travail continuel et réfléchi prépare à se contenter de toute espèce de distraction. La vie domestique, des idées religieuses assez sévères, des occupations sérieuses, un climat lourd, rendent les Anglais assez susceptibles des maladies d'ennui ; et c'est par cette raison même que les amusemens délicats de l'esprit ne leur suffisent pas. Il faut des secousses fortes à cette espèce d'abattement, et les auteurs partagent le goût des spectateurs à cet égard, ou s'y conforment.

La gaîté qui sert à faire une bonne comédie, suppose une observation très-fine des caractères. Pour que le génie comique se développe, il faut vivre beaucoup en société, attacher beaucoup d'importance aux succès de société, et se connoître, et se rapprocher par cette multitude d'intérêts de vanité, qui donnent lieu à tous les ridicules, comme à toutes les combinaisons de l'amour-propre. Les Anglais sont retirés dans leurs familles, ou réunis dans des assemblées publiques pour les discussions nationales.

L'intermédiaire qu'on appelle la société, n'existe presque point parmi eux ; et c'est dans cet espace frivole de la vie que se forment cependant la finesse et le goût.

Les rapports politiques des hommes entre eux effacent les nuances, en prononçant fortement les caractères. La grandeur du but, la force des moyens, font disparoître l'intérêt pour tout ce qui n'a pas un résultat utile. Dans les états monarchiques, où l'on dépend du caractère et de la volonté d'un seul homme ou d'un petit nombre de ses délégués, chacun s'étudie à connoître les plus secrettes pensées des autres, les plus légères gradations des sentimens et des foiblesses individuelles (1). Mais lorsque l'opinion publique et la réputation populaire ont la première influence, l'ambition délaisse ce dont l'ambition n'a pas besoin, et l'esprit ne s'exerce point à saisir ce qui est fugitif, quand il n'a point d'intérêt à le deviner.

Les Anglais n'ont point parmi eux un

---

(1) L'Angleterre est gouvernée par un roi ; mais toutes ses institutions sont éminemment conservatrices de la liberté civile et de la garantie politique.

auteur comique tel que Molière; et s'ils le possédoient, ils ne sentiroient pas toutes ses finesses. Dans les pièces mêmes telles que l'Avare, le Tartuffe, le Misanthrope, qui peignent la nature humaine de tous les pays, il y a des plaisanteries délicates, des nuances d'amour-propre, que les Anglais ne remarqueroient seulement pas; ils ne s'y reconnoîtroient point, quelque natureiles qu'elles soient; ils ne se savent pas eux-mêmes avec tant de détails; les passions profondes et les occupations importantes leur ont fait prendre la vie plus en masse.

Il y a quelquefois dans Congrève de l'esprit subtil et des plaisanteries fortes; mais aucun sentiment naturel n'y est peint. Par un singulier contraste, plus les mœurs particulières des Anglais sont simples et pures, plus ils exagèrent, dans leurs comédies, la peinture de tous les vices. L'indécence des pièces de Congrève n'eût jamais été tolérée sur le théâtre français : on trouve dans le dialogue des idées ingénieuses; mais les mœurs que ces comédies représentent sont imitées des mauvais romans français, qui n'ont jamais peint eux-mêmes les mœurs de

France. Rien ne ressemble moins aux Anglais que leurs comédies.

On diroit que, voulant être gais, ils ont cru nécessaire de s'éloigner le plus possible de ce qu'ils sont réellement, ou que, respectant profondément les sentimens qui faisoient le bonheur de leur vie domestique, ils n'ont pas permis qu'on les prodiguât sur leur théâtre.

Congrève et plusieurs de ses imitateurs entassent, sans mesure comme sans vraisemblance, des immoralités de tous les genres. Ces tableaux sont sans conséquence pour une nation telle que la nation anglaise; elle s'en amuse comme des contes, comme des images fantasques d'un monde qui n'est pas le sien. Mais en France, la comédie, peignant véritablement les mœurs, pourroit influer sur elles, et il devient bien plus important alors de lui imposer des loix sévères.

Dans les comédies anglaises, on trouve rarement des caractères vraiment anglais : la dignité d'un peuple libre s'oppose peut-être chez les Anglais, comme chez les Romains, à ce qu'ils laissent représenter leurs propres mœurs sur le théâtre. Les Français s'amusent volontiers d'eux-mêmes. Shakespear et quelques autres ont représenté dans leurs pièces des caricatures populaires, telles que Falstaff, Pistol, etc. mais la charge en exclut presqu'entièrement la vraisemblance. Le peuple de tous les pays est amusé par des plaisanteries grossières ; mais il n'y a qu'en France où la gaîté la plus piquante soit en même temps la plus délicate.

M. Shéridan a composé en anglais quelques comédies où l'esprit le plus brillant et le plus original se montre presque à chaque scène ; mais outre qu'une exception ne changeroit rien aux considérations générales, il faut encore distinguer la gaîté de l'esprit, du talent dont Molière est le modèle. Dans tous les pays, un écrivain capable de concevoir beaucoup d'idées, est certain d'arriver à l'art de les opposer entre elles d'une manière piquante. Mais comme les antithèses ne composent pas seules l'éloquence, les contrastes ne sont pas les seuls secrets de la gaîté ; et il y a, dans la gaîté de quelques auteurs français, quelque chose de plus naturel et de plus inexplicable : la pensée peut l'analyser, mais la pensée seule ne la produit pas; c'est une sorte d'électricité communiquée par l'esprit général de la nation.

La gaîté et l'éloquence ont quelques rapports ensemble, en cela seulement que c'est l'inspiration involontaire qui fait atteindre, en écrivant ou en parlant, à la perfection de l'une et de l'autre. L'esprit de ceux qui vous entourent, de la nation où vous vivez, développe en vous la puissance de la persuasion ou de la plaisanterie, beaucoup plus sûrement que la réflexion et l'étude. Les sensations viennent du dehors, et tous les talens qui dépendent immédiatement des sensations, ont besoin de l'impulsion donnée par les autres. La gaîté et l'éloquence ne sont point les simples résultats des combinaisons de l'esprit; il faut être ébranlé, modifié par l'émotion qui fait naître l'une ou l'autre, pour obtenir les succès du talent dans ces deux genres. Or la disposition commune à la plupart des Anglais, n'excite point leurs écrivains à la gaîté.

Swift, dans Gulliver et le conte du Tonneau, de même que Voltaire dans ses écrits philosophiques, tire des plaisanteries très-heureuses de l'opposition qui existe entre l'erreur reçue et la vérité proscrite, entre les institutions et la nature des choses. Les allusions, les allégories, toutes les fictions de l'esprit, tous les déguisemens qu'il emprunte, sont des combinaisons avec lesquelles on produit de la gaîté ; et, dans tous les genres, les efforts de la pensée vont très-loin, quoiqu'ils ne puissent jamais atteindre à la souplesse, à la facilité des habitudes, au bonheur inattendu des impressions spontanées.

Il existe cependant une sorte de gaîté dans quelques écrits anglais, qui a tous les caractères de l'originalité et du naturel. La langue anglaise a créé un mot, *humour*, pour exprimer cette gaîté qui est une disposition du sang presque autant que de l'esprit ; elle tient à la nature du climat et aux mœurs nationales ; elle seroit tout-à-fait inimitable là où les mêmes causes ne la développeroient pas. Quelques écrits de Fielding et de Swift, Peregrin Pickle, Roderick Random, mais sur-tout les ouvrages de Sterne, donnent l'idée complète du genre appelé *humour*.

Il y a de la morosité, je dirois presque

de la tristesse, dans cette gaîté ; celui qui vous fait rire n'éprouve pas le plaisir qu'il cause. L'on voit qu'il écrit dans une disposition sombre, et qu'il seroit presque irrité contre vous de ce qu'il vous amuse. Comme les formes brusques donnent quelquefois plus de piquant à la louange, la gaîté de la plaisanterie ressort par la gravité de son auteur (1). Les Anglais ont très-rarement admis sur la scène le genre d'esprit qu'ils nomment *humour;* son effet ne seroit point théâtral.

Il y a de la misanthropie dans la plaisanterie même des Anglais, et de la sociabilité dans celle des Français ; l'une doit se lire quand on est seul, l'autre frappe d'autant plus qu'il y a plus d'auditeurs. Ce que les

---

(1) Je suis entrée à Londres, une fois, dans un cabinet de physique amusante, et j'ai vu les tours les plus grotesques, à la bague, au sautoir, à l'escarpolette, exécutés par des hommes fort âgés, du maintien le plus roide et du sérieux le plus imperturbable. Ils se livroient à ces exercices pour leur santé, et n'avoient pas l'air de se douter que rien au monde n'étoit plus risible que le contraste de leur extérieur pédantesque et de leurs jeux enfantins.

Anglais ont de gaîté, conduit presque toujours à un résultat philosophique ou moral; la gaîté des Français n'a souvent pour but que le plaisir même.

Ce que les Anglais peignent avec un grand talent, ce sont les caractères bizarres, parce qu'il en existe beaucoup parmi eux. La société efface les singularités, la vie de la campagne les conserve toutes.

L'imitation sied particulièrement mal aux Anglais ; leurs essais dans le genre de grace et de gaîté qui caractérise la littérature française, manquent pour la plupart de finesse et d'agrément. Ils développent toutes les idées, ils exagèrent toutes les nuances, ils ne se croyent entendus que lorsqu'ils crient, et compris qu'en disant tout. Une remarque singulière, c'est que les peuples oisifs sont beaucoup plus difficiles sur l'emploi du temps qu'ils donnent à leurs plaisirs, que les hommes occupés. Les hommes livrés aux affaires, sont habitués aux longs développemens ; les hommes livrés au plaisir se fatiguent bien plus promptement, et le goût très-exercé éprouve la satiété très-vîte.

Il y a rarement de la finesse dans les esprits qui s'appliquent toujours à des résultats positifs. Ce qui est vraiment utile est très-facile à comprendre, et l'on n'a pas besoin d'un regard perçant pour l'appercevoir. Un pays qui tend à l'égalité, est aussi moins sensible aux fautes de convenance. La nation étant plus une, l'écrivain prend l'habitude de s'adresser dans ses ouvrages au jugement et aux sentimens de toutes les classes; enfin les pays libres sont et doivent être sérieux.

Quand le gouvernement est fondé sur la force, il peut ne pas craindre le penchant de la nation vers la plaisanterie : mais lorsque l'autorité dépend de la confiance générale, lorsque l'esprit public en est le principal ressort, le talent et la gaîté qui font découvrir le ridicule et se plaire dans la moquerie, sont excessivement dangereux pour la liberté et l'égalité politique. Nous avons parlé des malheurs qui sont résultés pour les Athéniens de leur goût immodéré pour la plaisanterie; et la France nous fourniroit un grand exemple à l'appui de celui-là, si la puissance des événemens de la révolution avoit laissé les caractères à leur développement naturel.

CHAPITRE XV.

De l'imagination des Anglais dans leurs Poésies et leurs Romans.

L'INVENTION des faits, et la faculté de sentir et de peindre la nature sont deux genres d'imagination absolument distincts; l'une appartient plus particulièrement à la littérature du Midi, l'autre à celle du Nord. J'en ai développé les diverses causes. Ce qu'il me reste à examiner maintenant, c'est le caractère particulier à l'imagination poétique des Anglais.

Ils n'ont point été inventeurs de nouveaux sujets de poésie, comme le Tasse et l'Arioste. Les romans des Anglais ne sont point fondés sur des faits merveilleux, sur des événemens extraordinaires, tels que les contes arabes ou persans : ce qu'il leur reste de la religion du Nord, ce sont quelques images, et non une mythologie brillante et variée, comme celle des Grecs ; mais leurs poètes sont inépuisables dans les idées et les sentimens que fait naître le spectacle de la nature. L'invention des faits surnaturels a son terme ; ce sont des combinaisons très-bornées, et peu susceptibles de cette progression qui appartient à toutes les vérités morales, de quelque genre qu'elles soient : lorsque les poètes s'attachent à revêtir des couleurs de l'imagination les pensées philosophiques et les sentimens passionnés, ils entrent en quelque manière dans cette route où les hommes éclairés avancent sans cesse, à moins que la force ignorante et tyrannique ne leur enlève toute liberté.

Les Anglais séparés du continent, *Semotos orbe Britannos*, s'associèrent peu, de tout temps, à l'histoire et aux mœurs des peuples voisins : ils ont un caractère à eux dans chaque genre ; leur poésie n'est semblable ni à celle des Français, ni même à celle des Allemands : mais ils n'ont pas atteint à cette invention des fables et des faits poétiques, qui est la principale gloire de la littérature grecque et de la littérature italienne. Les Anglais observent la nature, et savent la peindre : mais ils ne sont pas créateurs. Leur supériorité consiste dans le talent d'exprimer vivement ce qu'ils voyent et ce qu'ils éprouvent ; ils ont l'art d'unir intimement les réflexions philosophiques aux sensations produites par les beautés de la campagne. L'aspect du ciel et de la terre, à toutes les heures du jour et de la nuit, réveille dans notre esprit diverses pensées ; et l'homme qui se laisse aller à ce que la nature lui inspire, éprouve une suite d'impressions toujours pures, toujours élevées, toujours analogues aux grandes idées morales et religieuses qui unissent l'homme avec l'avenir.

Au moment de la renaissance des lettres, et au commencement de la littérature anglaise, un assez grand nombre de poètes anglais s'écarta du caractère national, pour imiter les Italiens. J'ai cité Waller et Cowley pour être de ce nombre : je pourrois y joindre Downe, Chaucer, &c. Les essais dans ce genre ont encore plus mal réussi aux Anglais qu'aux autres peuples, ils manquent essentiellement de grace dans tout ce qui exige de la légéreté d'esprit : ils manquent de cette promptitude, de cette facilité, de cette aisance, qui s'acquiert par le commerce habituel avec les hommes réunis en société dans le seul but de se plaire.

Il y a beaucoup de fautes de goût dans un poëme de Pope, qui étoit destiné particulièrement à montrer de la grace. La Boucle de cheveux enlevée: *Spencer's fairy queen*, est ce qu'il y a de plus fatigant au monde; le poëme d'Hudibras, quoique spirituel, est rempli de plaisanteries prolongées jusqu'à la satiété. Les fables de Gay ont de l'esprit, mais point de naturel; et l'on ne peut jamais comparer sous aucun rapport les pièces fugitives des Anglais, leurs contes burlesques, &c. avec les écrits de Voltaire, de l'Arioste, ou de Lafontaine. Mais n'est-ce point assez de savoir parler la langue des affections profondes; faut-il attacher beaucoup de prix à tout le reste?

Quelle sublime méditation que celle des Anglais! comme ils sont féconds dans les sentimens et les idées que développe la solitude! Quelle profonde philosophie que celle de l'Essai sur l'Homme! Peut-on élever l'ame et l'imagination à une plus grande hauteur que dans le Paradis perdu? Ce n'est pas l'invention poétique qui fait le mérite de cet ouvrage; le sujet est presque entièrement tiré de la Génèse; ce que l'auteur y a ajouté d'allégorique en quelques endroits, est réprouvé par le goût. On s'apperçoit souvent que le poète est contraint ou dirigé par sa soumission à l'orthodoxie : mais ce qui fait de Milton l'un des premiers poètes du monde, c'est l'imposante grandeur des caractères qu'il a tracés. Son ouvrage est surtout remarquable par la pensée; la poésie qu'on y admire a été inspirée par le besoin d'égaler les images aux conceptions de l'esprit : c'est pour faire comprendre ses idées intellectuelles, que le poète a eu recours aux plus terribles tableaux qui puissent frapper l'imagination : avant de donner une forme à Satan, il l'avoit conçu immatériel; il s'étoit représenté sa nature morale, avant d'accorder avec ce caractère sa gigantesque stature, et l'épouvantable aspect de l'enfer qu'il doit habiter. Avec quel talent il vous transporte de cet enfer dans le paradis! comme il vous promène à travers toutes les sensations enivrantes de la jeunesse, de la nature et de l'innocence ! Ce n'est pas le bonheur des jouissances vives, c'est le calme qu'il met en contraste avec le crime, et l'opposition est bien plus forte ! la piété d'Adam et d'Eve, les différences primitives du caractère et de la destinée des deux sexes sont peintes comme la philosophie et l'imagination devoient les caractériser (1).

Le cimetière de Gray, l'épître sur le collége d'Eaton, le village abandonné de Goldsmith, sont remplis de cette noble mélancolie qui est la majesté du philosophe sensible. Où peut-on trouver plus d'enthousiasme poétique que dans l'ode à la musique, de Dryden? Quelle passion dans la lettre d'Héloïse! Est-il une plus délicieuse peinture de l'amour, dans le mariage, que les vers qui

---

(1) . . . . Thongh both
Not equal, as their sexes not equal
For contemplation he, and valor formed,
For softness she, and sweet attractive grace,
He for god only, she for god in him.

Ces deux nobles créatures (Adam et Eve) ne sont point semblables en tout, et diffèrent comme leurs sexes. Lui, formé pour la méditation et la valeur; elle, pour la douceur et la grace attirante; lui, pour adorer Dieu seul; elle, pour adorer Dieu en lui.

terminent le premier chant de Thompson, sur le printemps (1)? Que de réflexions

---

(1) Tout le monde connoît ce morceau de Thompson; mais je n'ai pu me refuser à en placer ici l'extrait, afin que les femmes entre les mains desquelles tombera cet ouvrage, aient une occasion de plus de relire de tels vers :

> But happy they! the happiest of their Kind
> Whom gentler stars unite, and in one fate
> Their hearts, their fortune, and their beings blend.
> 'Tis not the coarser tie of human laws
> Unnatural oft and foreign to the mind,
> That binds their peace, but harmony itself
> Attuning all their passions into love.
> Where friendship full exerts her softest power,
> Perfect esteem enlivened by desire
> Ineffable, and sympathy of soul,
> Thought meeting thought and will preventing will,
> With boundless confidence. . . . .
> . . . . What is the world to them
> Its pomp, its pleasure, and its non sense all?
> Who in each other clasp whatever fair
> High fancy forms and lavish heart can wish;
> Something than beauty dearer, should they look
> Or on the mind; or mind illumin'd face;
> Truth, goodness, honour, harmony and love,
> The richest bounty of indulgent Heaven.
> Meantime a smiling offspring rises round,
> And mingles both their graces. By degrees
> The human blossom blows, and every day,
> Soft as it rolls along, shews some new charm,
> The father's lustre, and the mother's bloom

profondes et terribles ne reste-t-il pas de ces nuits d'Young, où l'homme est peint

> The infant reason grows apace and calls
> For the Kind hand of an assiduous care.
> Delightful task! to rear the tender thought,
> To teach the young idea how to shoot,
> To pour the fresh instruction o'er the mind,
> To breathe th'enlivening spirit and to fix
> The generous purpose in the glowing breast.
> Oh! speak the joy; ye, whom the sudden tear
> Surprizes often while you look around
> And nothing strikes your eye but sights of bliss,
> All various nature pressing on the heart;
> An elegant sufficiency, content,
> Retirement, rural quiet, friendship, books.
> Ease and alternate labour, usefull life,
> Progressive virtue, and aproving Heaven!
> These are the matchless joys of virtuous love
> And thus their moment fly. The seasons thus,
> As ceaseless round a jarring world they roll,
> Still find them happy; and consenting spring
> Sheds her own rosy garland on their heads:
> Till evening comes at last serene and mild
> When, after the long vernal day of life,
> Enamour'd more, as more remembrance swell,
> With many a proof of recollected love,
> Together down they sink in social sleep,
> Together freed, their gentle spirits fly
> To scenes where love and bliss immortal reign.

Heureux et les plus heureux des mortels ceux que la bienfaisante destinée a réunis, et qui confondent dans un même sort leurs cœurs, leurs fortunes et leurs

considérant le cours et le terme de sa destinée, sans cette illusion qui nous fait nous

---

existences. Ce n'est pas le dur lien des loix humaines, ce lien si souvent étranger au choix du cœur, qui forme le nœud de leur vie, c'est l'harmonie elle-même, accordant toutes leurs passions dans le sentiment de l'amour. L'amitié exerce dans leur sein sa plus douce puissance, la parfaite estime animée par le desir, l'inexprimable sympathie des ames, la pensée rencontrant la pensée, la volonté prévenant la volonté par une confiance sans bornes. Que leur importe le monde et ses plaisirs et sa folie, chacun des deux n'embrasse-t-il pas, dans l'objet qu'il aime, tout ce que l'imagination peut se créer, tout ce qu'un cœur abandonné à l'espérance pourroit souhaiter? Ne goûtent-ils pas un charme plus puissant encore que celui de la beauté, ou dans les sentimens, ou dans les traits animés par ces sentimens mêmes? Vérité, bonté, honneur, tendresse, amour, les plus riches bienfaits de l'indulgence du ciel leur sont accordés; et près d'eux bientôt s'élève leur postérité souriante : la fleur de l'enfance s'épanouit sous leurs yeux, et chaque jour qui s'écoule développe une nouvelle grace. La vertu du père et la beauté de la mère s'apperçoivent déjà dans les enfans : leur foible raison grandit à chaque moment; elle réclame bientôt le secours des soins assidus. Délicieuse tâche de cultiver la pensée tendre encore, d'enseigner à la jeune intéresser à des jours comme à des siècles, à ce qui passe comme à l'éternité !

---

idée comment elle doit croître, de verser des instructions toujours nouvelles dans l'esprit, d'inspirer les sentimens généreux, et de fixer un noble dessein dans une ame enflammée ! Ah ! parlez de vos joies, vous qu'une larme soudaine surprend souvent quand vous regardez autour de vous, et que rien ne frappe vos regards que des tableaux de félicité ; toutes les affections variées de la nature se pressent sur votre cœur. Le contentement de l'ame, le repos de la campagne, une fortune qui suffit à l'élégant nécessaire, l'amitié, les livres, la retraite, le travail et le loisir, la vie utile, la vertu progressive et le ciel approbateur ! telles sont les jouissances incomparables d'un amour vertueux : c'est ainsi que s'écoulent les momens de ces fortunés époux. Les saisons, qui parcourent sans cesse ce monde en discorde, retrouvent à leur retour ces deux êtres toujours heureux ; et le printemps applaudissant à leurs belles destinées, répand sur leur tête sa guirlande de roses. Jusqu'à ce qu'enfin, après le long jour printannier de la vie, arrive le soir serein et doux, toujours plus amoureux, puisque leur cœur renferme plus de souvenirs, plus de preuves de leur amour mutuel ; ils tombent dans un sommeil qui les réunit encore, affranchis ensemble, leurs paisibles esprits s'envolent vers des lieux où règnent l'amour et le bonheur immortel.

Young juge la vie humaine, comme s'il n'en étoit pas ; et sa pensée s'élève au-dessus de son être pour lui marquer une place imperceptible dans l'immensité de la création :

> . . . . What is the world ? a grave,
> Where is the dust which has not been alive ?

Quest-ce que le monde ? un tombeau. Où est le grain de poussière qui n'a pas eu de la vie ?

> . . . . What is life ? a war
> Eternal war with woe. . . . .

Qu'est-ce que la vie ? une guerre, une éternelle guerre avec le malheur.

Cette sombre imagination, quoique plus prononcée dans Young, est cependant la couleur générale de la poésie anglaise. Leurs ouvrages en vers contiennent souvent plus d'idées que leurs ouvrages en prose. Si l'on peut trouver de la monotonie dans l'Ossian, parce que ses images peu variées en elles-mêmes ne sont point mêlées à des réflexions qui puissent intéresser l'esprit, il n'en est pas ainsi des poètes anglais ; ils ne fatiguent point en s'abandonnant à leur tristesse philosophique : elle est d'accord avec la nature même de notre être, avec sa destinée. Rien ne fait éprouver une plus douce sensation que de rentrer par la lecture dans le cours habituel de ses rêveries : et si l'on veut se rappeler les morceaux qu'on aime dans les divers écrits de toutes les langues ; on verra qu'ils ont presque tous un même caractère d'élévation et de mélancolie.

On se demande pourquoi les Anglais qui sont heureux par leur gouvernement et par leurs mœurs, ont une imagination beaucoup plus mélancolique que ne l'étoit celle des Français ? C'est que la liberté et la vertu, ces deux grands résultats de la raison humaine, exigent de la méditation : et la méditation conduit nécessairement à des objets sérieux.

En France, les personnes distinguées par leur esprit ou par leur rang, avoient, en général, beaucoup de gaîté ; mais la gaîté des premières classes de la société n'est point un signe de bonheur pour la nation. Pour que l'état politique et philosophique d'un pays réponde à l'intention de la nature, il faut que le lot de la médiocrité, dans ce pays, soit le meilleur de tous ; les hommes supérieurs, dans tous les genres, doivent être des hommes consacrés et sacrifiés même au bien général de l'espèce humaine.

Heureux le pays où les écrivains sont tristes, où les commerçans sont satisfaits, les riches mélancoliques, et les hommes du peuple contens !

La langue anglaise, quoiqu'elle ne soit pas aussi harmonieuse à l'oreille que les langues du midi, a, par l'énergie de sa prononciation, de très-grands avantages pour la poésie : tous les mots fortement accentués ont de l'effet sur l'ame, parce qu'ils semblent partir d'une impression vive ; la langue française exclut en poésie une foule de termes simples, qu'on doit trouver nobles en anglais par la manière dont ils sont articulés. J'en offre un exemple : lorsque Macbeth, au moment de s'asseoir à la table du festin, voit, à la place qui lui est destinée, l'ombre de Banquo qu'il vient d'assassiner, et s'écrie à plusieurs reprises avec un effroi si terrible : *The table is full,* tous les spectateurs frémissent. Si l'on disoit en français précisément les mêmes mots, *la table est remplie,* le plus grand acteur du monde ne pourroit en les déclamant faire oublier leur acception commune ; la prononciation française ne permettroit pas cet accent qui rend nobles tous les mots en les animant, qui rend tragiques tous les sons, parce qu'ils imitent et font partager le trouble de l'ame.

Les Anglais peuvent se permettre en tout genre beaucoup de hardiesse dans leurs écrits, parce qu'ils sont passionnés, et qu'un sentiment vrai, quel qu'il soit, a la puissance de transporter le lecteur dans les affections de l'écrivain : l'auteur de sang-froid, quelqu'esprit qu'il ait, doit se conformer à beaucoup d'égards au goût de ses lecteurs. Ils lui en imposent l'obligation, dès qu'ils lui en savent le pouvoir.

Les poètes anglais abusent souvent néanmoins de toutes les facilités que leur accordent, et leur langue et le génie de leur nation. Ils exagèrent les images, ils subtilisent les idées, ils épuisent tout ce qu'ils expriment, et le goût ne les avertit pas de s'arrêter. Mais il *leur sera beaucoup pardonné,* parce que l'on voit en eux une émotion véritable. L'on juge les défauts de leurs écrits comme ceux de la nature, et non comme ceux de l'art.

Il est un genre d'ouvrages d'imagination, dans lequel les Anglais ont une grande prééminence : ce sont les romans sans merveilleux, sans allégorie, sans allusions historiques, fondés seulement sur l'invention des caractères et des événemens de la vie privée. L'amour a été jusqu'à présent le sujet de ces sortes de romans. L'existence des femmes, en Angleterre, est la principale cause de l'inépuisable fécondité des écrivains anglais en ce genre. Les rapports des hommes avec les femmes se multiplient à l'infini par la sensibilité et la délicatesse.

Des loix tyranniques, des desirs grossiers, ou des principes corrompus, ont disposé du sort des femmes, soit dans les républiques anciennes, soit en Asie, soit en France. Les femmes n'ont joui nulle part, comme en Angleterre, du bonheur causé par les affections domestiques. Dans les pays pauvres, et sur-tout dans les classes moyennes de la société, on a souvent trouvé des mœurs très-pures; mais c'est aux premières classes qu'il appartient de rendre plus remarquables les exemples qu'elles donnent. Elles seules choisissent leur genre de vie ; les autres sont forcées de se résigner à celui que la destinée leur impose ; et quand on est amené à l'exercice d'une vertu par la privation de quelques avantages personnels, ou par le joug des circonstances, on n'a jamais toutes les idées et tous les sentimens que peut faire naître cette vertu librement adoptée. Ce sont donc, en général, les mœurs des premières classes de la société qui influent sur la littérature. Quand les mœurs de ces premières classes sont bonnes, elles conservent l'amour, et l'amour inspire les romans. Sans examiner ici philosophiquement la destinée des femmes dans l'ordre social, ce qui est certain, en général, c'est que leurs vertus domestiques obtiennent seules des hommes toute la tendresse de cœur dont ils sont capables.

L'Angleterre est le pays du monde où les femmes sont le plus véritablement aimées. Il s'en faut bien qu'elles y trouvent les agrémens que la société de France promettoit autrefois. Mais ce n'est pas avec le tableau des jouissances de l'amour-propre qu'on fait un roman intéressant, quoique l'histoire de la vie prouve souvent qu'on peut se contenter de ces vaines jouissances. Les mœurs anglaises fournissent à l'invention romanesque une foule de nuances délicates et de situations touchantes. On croiroit d'abord que l'immoralité, ne reconnoissant aucune borne, devroit étendre la carrière de toutes les conceptions romanesques; et l'on s'apperçoit, au contraire, que cette facilité malheureuse ne peut rien produire que d'aride. Les passions sans combat, les dénouemens sans gradations, les sacrifices sans regret, les liens sans délicatesse, ôtent aux romans tout leur charme; et le petit nombre de ceux de ce genre que nous possédons en français, ont à peine eu quelques succès dans les sociétés qui leur avoient servi de modèle.

Il y a des longueurs dans les romans des Anglais, comme dans tous leurs écrits; mais ces romans sont faits pour être lus par les hommes qui ont adopté le genre de vie qui y est peint, à la campagne, en famille, au milieu du loisir des occupations régulières et des affections domestiques. Si les Français supportent les détails inutiles qui sont accumulés dans ces écrits, c'est par la curiosité qu'inspirent des mœurs étrangères. Ils ne tolèrent rien de semblable dans leurs propres ouvrages. Ces longueurs, en effet, lassent quelquefois l'intérêt, mais la lecture des romans anglais attache par une suite constante d'observations justes et morales sur les affections sensibles de la vie. L'attention sert en toutes choses aux Anglais, soit pour peindre ce qu'ils voient, soit pour découvrir ce qu'ils cherchent.

Tom-Jones ne peut être considéré seulement comme un roman. La plus féconde des idées philosophiques, le contraste des qualités naturelles et de l'hypocrisie sociale, y est mise en action avec un art infini, et l'amour, comme je l'ai dit ailleurs (1), n'est que l'accessoire d'un tel sujet. Mais Richardson, en première ligne, et après ses écrits, plusieurs romans, dont un grand nombre ont été composés par des femmes, donnent parfaitement l'idée de ce genre d'ouvrages dont l'intérêt est inexprimable.

---

(1) Essai sur les Fictions.

Les anciens romans français peignent des aventures de chevalerie, qui ne rappellent en rien les événemens de la vie. La Nouvelle Héloïse est un écrit éloquent et passionné, qui caractérise le génie d'un homme, et non les mœurs de la nation. Tous les autres romans français que nous aimons, nous les devons à l'imitation des anglais. Les sujets ne sont pas les mêmes; mais la manière de les traiter, mais le caractère général de cette sorte d'invention appartiennent exclusivement aux écrivains anglais.

Ce sont eux qui ont osé croire les premiers, qu'il suffisoit du tableau des affections privées, pour intéresser l'esprit et le cœur de l'homme; que ni l'illustration des personnages, ni l'importance des intérêts, ni le merveilleux des événemens n'étoient nécessaires pour captiver l'imagination, et qu'il y avoit dans la puissance d'aimer de quoi renouveler sans cesse et les tableaux et les situations, sans jamais lasser la curiosité. Ce sont les Anglais enfin qui ont fait des romans des ouvrages de morale, où les vertus et les destinées obscures peuvent trouver des motifs d'exaltation, et se créer un genre d'héroïsme.

Il règne dans ces écrits une sensibilité calme et fière, énergique et touchante. Nulle part on ne sent mieux le charme de cet amour protecteur, qui dispensant l'être foible de veiller à sa propre destinée, concentre tous ses desirs dans l'estime et la tendresse de son défenseur.

CHAPITRE XVI.

De la Philosophie et de l'Eloquence des Anglais.

Il y a trois époques très-distinctes dans la situation politique des Anglais, les temps antérieurs à leur révolution, leur révolution même, et la constitution qu'ils possèdent depuis 1688. Le caractère de la littérature a nécessairement varié suivant ces diverses circonstances. Avant la révolution on ne remarque en philosophie qu'un seul homme, le chancelier Bacon. La théologie absorbe entièrement les années mêmes de la révolution. La poésie a presque seule occupé les esprits sous le règne voluptueux et despotique de Charles II; et ce n'est que depuis 1688, depuis qu'une constitution stable a donné à l'Angleterre du repos et de la liberté, qu'on peut observer avec exactitude les effets constans d'un ordre de choses durable.

Les écrits de Bacon caractérisent son génie plutôt que son siècle. Il s'élança seul dans toutes les sciences, quelquefois obscur, souvent scholastique, il eut cependant des idées nouvelles sur tous les sujets, mais il ne put rien compléter. L'homme de génie fait quelques pas dans des sentiers inconnus; mais il ne faut pas moins que la force commune et réunie des siècles et des nations pour frayer les grandes routes.

Les querelles de religion auroient pu replonger l'Angleterre, au dix-septième siècle, dans l'état dont l'Europe étoit enfin sortie; mais les lumières qui existoient déjà et dans les autres pays, et dans l'Angleterre même, s'opposèrent aux funestes effets de ces disputes vaines. Harrington, Sidney, etc. indifférens aux questions théologiques, s'efforcèrent de rattacher les esprits aux principes de la liberté, et leurs efforts ne furent pas entièrement perdus pour la raison.

Enfin la philosophie anglaise, à la fin du dix-septième siècle, prit son véritable caractère, et l'a soutenu depuis cent ans toujours avec de nouveaux succès.

La philosophie anglaise est scientifique,

c'est-à-dire, que ses écrivains appliquent aux idées morales le genre d'abstraction, de calculs et de développemens dont les savans se servent pour parvenir aux découvertes et pour les expliquer.

La philosophie française tient davantage au sentiment et à l'imagination, sans avoir pour cela moins de profondeur ; car ces deux facultés de l'homme, lorsqu'elles sont dirigées par la raison, éclairent sa marche, et l'aident à pénétrer plus avant dans la connoissance du cœur humain.

La religion chrétienne, telle qu'elle est professée en Angleterre, et les principes constitutionnels tels qu'ils sont établis, laissent une assez grande latitude aux recherches de la pensée, soit en morale, soit en politique. Cependant les philosophes anglais, en général, ne se permettent pas de tout examiner ; et l'utilité, qui est le mobile de leurs efforts, leur interdit en même temps un certain degré d'indépendance.

Ils ont développé d'une manière supérieure la théorie métaphysique des facultés de l'homme ; mais ils connoissent et étudient moins les caractères et les passions. La

Bruyère, le cardinal de Retz, Montaigne, n'ont point d'égal en Angleterre.

Dans les pays où la tranquillité règne avec la liberté, on s'examine peu réciproquement. Les loix dirigent la plupart des relations des hommes entr'eux. Tout porte l'esprit aux idées générales plutôt qu'aux observations particulières; mais lorsque les sociétés brillantes de la cour et de la ville ont un grand crédit politique, le besoin de les observer pour y réussir développe un grand nombre de pensées fines; et si, d'un côté, il y a moins de philosophie-pratique dans un tel pays, de l'autre les esprits sont nécessairement plus capables de pénétration et de sagacité.

Les Anglais ont traité la politique comme une science purement intellectuelle. Hobbes, Fergusson, Locke, etc. avec des systêmes différens, recherchent quel fut l'état primitif des sociétés, afin d'arriver à connoître quelles sont les loix qu'il faut instituer pour les hommes. Smith, Hume, Shaftsbury, étudient les sentimens et les caractères sous des points de vue presque entièrement métaphysiques. Ils écrivent pour l'instruction et la méditation; mais ils ne songent point à captiver l'intérêt en même temps qu'ils sollicitent l'attention. Montesquieu semble donner la vie aux idées, et rappelle à chaque ligne la nature morale de l'homme au milieu des abstractions de l'esprit. Nos écrivains français ayant toujours présent à leur pensée le tribunal de la société, cherchent à obtenir le suffrage de lecteurs qui se fatiguent aisément; ils veulent attacher le charme des sentimens à l'analyse des idées, et faire ainsi marcher simultanément un plus grand nombre de vérités.

Les Anglais ont avancé dans les sciences philosophiques comme dans l'industrie commerciale, à l'aide de la patience et du temps. Le penchant de leurs philosophes pour les abstractions sembloit devoir les entraîner dans des systêmes qui pouvoient être contraires à la raison; mais l'esprit de calcul, qui régularise, dans leur application, les combinaisons abstraites, la moralité, qui est la plus expérimentale de toutes les idées humaines, l'intérêt du commerce, l'amour de la liberté, ont toujours ramené les philosophes anglais à des résultats pratiques.

Que d'ouvrages entrepris pour servir utilement les hommes, pour l'éducation des enfans, pour le soulagement des malheureux, pour l'économie politique, la législation criminelle, les sciences, la morale, la métaphysique ! Quelle philosophie dans les conceptions ! quel respect pour l'expérience dans le choix des moyens !

C'est à la liberté qu'il faut attribuer cette émulation et cette sagesse. On pouvoit si rarement se flatter en France d'influer par ses écrits sur les institutions de son pays, qu'on ne songeoit qu'à montrer de l'esprit dans les discussions même les plus sérieuses. On poussoit jusqu'au paradoxe un systême vrai sous quelques rapports; la raison ne pouvant avoir un effet utile, on vouloit au moins que le paradoxe fût brillant. D'ailleurs sous une monarchie absolue, on pouvoit, comme Rousseau l'a fait dans le Contrat Social, vanter sans danger la démocratie pure; mais on n'auroit point osé approcher des idées plus vraisemblables. Tout étoit jeu d'esprit en France, hors les arrêts du conseil du roi : tandis qu'en Angleterre, chacun pouvant agir d'une manière quelconque sur les résolutions de ses représentans, l'on prend l'habitude de comparer la pensée avec l'action, et l'on s'accoutume à l'amour du bien public par l'espoir d'y contribuer.

Ce principe d'utilité, qui a donné, si je puis m'exprimer ainsi, tant de corps à la littérature des Anglais, a retardé cependant chez eux un dernier perfectionnement de l'art, que les Français ont atteint; c'est la concision dans le style. La plupart des livres anglais sont confus à force de prolixité. Le patriotisme qui règne en Angleterre, inspire une sorte d'intérêt de famille pour les questions d'une utilité générale; on peut en entretenir les Anglais aussi longuement que de leurs affaires particulières; et les auteurs, confians dans cette disposition, abusent souvent de la liberté qu'elle donne. Les Anglais donnent à toutes leurs idées des développemens aussi étendus que ceux d'un instituteur parlant à ses élèves : c'est peut-être un meilleur moyen d'éclairer la masse d'une nation; mais la méthode philosophique ne peut acquérir ainsi toute sa perfection.

Les Français feraient un livre mieux que les Anglais, en leur prenant leurs idées;

ils les présenteroient avec plus d'ordre et de précision : comme ils suppriment beaucoup d'intermédiaires, leurs ouvrages exigent plus d'attention pour être compris; mais la classification des idées y gagne, soit par la rapidité, soit par la rectitude de la route que l'on fait suivre à l'esprit. En Angleterre, c'est presque toujours par le suffrage de la multitude que commence la gloire; elle remonte ensuite vers les classes supérieures. En France, elle descendoit de la classe supérieure vers le peuple. Je n'examine point ce qui est préférable pour le bonheur national; mais l'art d'écrire et la méthode de composer ne peuvent se perfectionner, en Angleterre, jusqu'au point où l'on devoit arriver en France, lorsque les écrivains visoient toujours et presque exclusivement au suffrage des premiers hommes de leur pays.

On se livre en Angleterre aux systêmes abstraits ou aux recherches qui ont pour objet une utilité positive et pratique ; mais ce genre intermédiaire, qui réunit dans un même style la pensée et l'éloquence, l'instruction et l'intérêt, l'expression pittoresque et l'idée juste, les Anglais n'en possèdent presque point de modèles, et leurs livres n'ont qu'un but à-la-fois, l'utilité ou l'agrément.

Les Anglais, dans leurs poésies, portent au premier degré l'éloquence de l'ame; ils sont de grands écrivains en vers; mais leurs ouvrages en prose participent très-rarement à la chaleur et à l'énergie qu'on trouve dans leurs poésies. Les vers blancs n'offrant que très-peu de difficultés, les Anglais ont réservé pour la poésie tout ce qui tient à l'imagination; ils considèrent la prose comme la langue de la logique, et le seul objet de leur style est de faire comprendre des raisonnemens, et non d'intéresser par des expressions. La langue anglaise n'a pas encore acquis peut-être le degré de perfection dont elle est susceptible. Ayant plus souvent servi aux affaires qu'à la littérature, elle manque encore d'un très-grand nombre de nuances; et il faut beaucoup plus de finesse et de correction dans une langue pour bien écrire en prose que pour bien écrire en vers.

Quelques auteurs anglais, cependant, Bolingbroke, Shaftsbury, Addisson, ont de la réputation comme bons écrivains en prose : néanmoins leur style manque d'originalité, et leurs images de chaleur : le caractère de l'écrivain n'est point empreint dans son style, et le mouvement de l'ame ne se fait point sentir à ses lecteurs. Il semble que les Anglais n'osent se livrer entièrement, que dans l'inspiration poétique : lorsqu'ils écrivent en prose, une sorte de pudeur captive leurs sentimens : comme ils sont tout-à-la-fois timides et passionnés, ils ne peuvent se livrer à demi. Les Anglais se transportent dans le monde idéal de la poésie, mais ils ne mettent presque jamais de chaleur dans les écrits qui portent sur les objets réels. Ils reprochent avec vérité aux écrivains français leur égoïsme, leur vanité, l'importance que chacun attache à sa personne, dans un pays où l'intérêt public ne tient point de place. Mais il est cependant certain que pour qu'un auteur soit éloquent, il faut qu'il exprime ses propres sentimens ; ce n'est pas son intérêt, mais son émotion ; ce n'est pas son amour-propre, mais son caractère, qui doit animer ses écrits ; et faire abstraction en écrivant de ce qu'on éprouve soi-même, ce seroit aussi faire abstraction de ce qu'éprouve le lecteur.

Il n'y a point en Angleterre de mémoires, de confessions, de récits de soi faits par soi-même ; la fierté du caractère anglais se refuse à ce genre de détails et d'aveux : mais l'éloquence des écrivains en prose perd souvent à l'abnégation trop sévère de tout ce qui semble tenir aux affections personnelles.

On applique en Angleterre l'esprit des affaires aux principes de la littérature ; et l'on interdit dans les ouvrages raisonnés tout appel à l'émotion, tout ce qui pourroit influencer le moins du monde le libre exercice du jugement. M. Burke, le plus violent ennemi de la France, a, dans son ouvrage contre elle, quelques rapports avec l'éloquence française ; mais quoiqu'il ait des admirateurs en Angleterre, on y est assez tenté d'accuser son style d'exagération autant que ses opinions, et de trouver sa manière d'écrire incompatible avec des idées justes.

Les lettres de Junius sont l'un des écrits les plus éloquens de la prose anglaise. Peut-être aussi que la principale cause du grand plaisir attaché à cette lecture, c'est l'admiration qu'on éprouve pour la liberté d'un pays où l'on pouvoit attaquer ainsi les ministres et le roi lui-même, sans que le repos et l'organisation sociale en souffrissent, sans que les dépositaires de la puissance publique eussent le droit de se soustraire à la plus véhémente expression de la censure individuelle.

Les débats parlementaires sont plus animés que le style des auteurs en prose. La nécessité d'improviser, le mouvement des débats, l'opposition, la réplique, excitent un intérêt, causent une agitation, qui peuvent entraîner les orateurs : néanmoins l'argumentation est toujours le caractère principal des discours au parlement. L'éloquence populaire des anciens, celle des premiers orateurs français, produiroient dans la Chambre des communes plutôt l'étonnement que la conviction. Parcourons rapidement les causes de ces différences.

La révolution anglaise, qui devoit mettre en mouvement toutes les passions populaires, s'est faite par les querelles théologiques. L'éloquence donc, au lieu de recevoir à cette époque une grande impulsion, a pris dès-lors, par la nature même des objets qu'elle traitoit, la forme de l'argumentation. Les intérêts de finances et de commerce ont été les premiers objets de tous les parlemens d'Angleterre, et toutes les fois qu'on est appelé à discuter avec les hommes leurs intérêts de calcul, le raisonnement seul obtient leur confiance. La situation diplomatique de l'Europe, autre objet des débats parlementaires, a toujours exigé, par l'importance même de ses intérêts, une grande circonspection. Les deux partis qui ont divisé le parlement ne luttoient point comme les plébéiens et les patriciens, avec toutes les passions de l'homme ; c'étoit presque toujours quelques rivalités individuelles, contenues par l'ambition même qui les excitoit ; c'étoient des débats dans lesquels l'opposition voulant donner au roi un ministre de son parti, gardoit toujours, dans sa résistance même, les égards nécessaires pour arriver à ce but. Le point d'honneur met nécessairement aussi quelques bornes à la violence des attaques personnelles. Enfin les modernes ont en général un respect pour les loix qui doit nécessairement aussi changer à quelques égards le caractère de leur éloquence. Quoiqu'il existât des loix chez les anciens, l'autorité populaire avoit souvent le droit et la volonté de tout détruire ou de tout recréer. Les modernes ont presque toujours été astreints à commenter le texte des loix existantes. Sans nier assurément les avantages de cette fixité, il s'ensuit néanmoins que l'esprit de discussion et d'analyse est plus important dans les assemblées actuelles que le talent d'émouvoir.

Il faut que la logique de l'orateur, au lieu de presser l'homme corps à corps, comme Démosthènes, l'attaque avec de certaines armes convenues, dont l'effet est plus indirect. D'ailleurs, le gouvernement représentatif resserrant nécessairement, et le cercle des objets que l'on traite, et le nombre de ceux auxquels on s'adresse, l'éloquence de Démosthènes n'auroit pas de proportion avec l'auditoire et le but : les témoins comptés et connus qui environnent de près les orateurs anglais, la table sur laquelle ils marquent, par un geste uniforme, le retour des mêmes raisonnemens, tout leur rappelle un conseil d'état plutôt qu'une assemblée populaire ; tout doit les ramener à ne se servir que des armes du sang-froid, l'argumentation ou l'ironie (1).

Plusieurs des causes que je viens d'énoncer devroient s'appliquer également au gouvernement représentatif en France ; mais les premières époques de la révolution ont offert à ses orateurs des sujets antiques de discussions. Mirabeau, et quelques autres après lui, ont un genre d'éloquence plus entraînant, plus dramatique que celle des Anglais ; l'habitude des affaires s'y montre moins, et le besoin des succès de l'esprit beaucoup davantage. Les longs développemens seroient en tout temps aussi beaucoup moins tolérés en France qu'en Angleterre. Les orateurs anglais, comme Cicéron, répètent sou-

---

(1) L'orateur de l'opposition n'étant point chargé de la direction des affaires, doit montrer presque toujours plus d'éloquence que le ministre. On auroit de la peine maintenant, en Angleterre, à prononcer entre deux talens prodigieux : néanmoins les mouvemens de l'ame se rallient toujours plus naturellement à celui qui n'est pas dans le pouvoir.

vent des idées déjà comprises ; ils reviennent quelquefois aux mouvemens, aux effets d'éloquence déjà employés avec succès. En France, on est si jaloux de l'admiration qu'on accorde, que si l'orateur vouloit l'obtenir deux fois pour le même sentiment, pour le même bonheur d'expression, l'auditoire lui reprocheroit une confiance orgueilleuse, lui refuseroit un second aveu de son talent, et reviendroit presque sur le premier.

Cette disposition d'esprit, chez les Français, doit porter très-haut le vrai talent ; mais elle entraîne la médiocrité dans des efforts gigantesques et ridicules. Elle favorise aussi quelquefois, d'une manière funeste, le succès des plus absurdes assertions. S'il falloit prolonger un raisonnement, sa fausseté seroit plus sensible ; si l'on pouvoit le réfuter avec les formes qui servent à développer les vérités élémentaires, les esprits les plus communs finiroient par comprendre quel est l'objet de la question. La dialectique des Anglais se prête beaucoup moins que la nôtre au succès des sophismes. Le style déclamateur, qui sert si bien les idées fausses, est rarement admis par les Anglais; et comme ils donnent une moins grande part aux considérations morales dans les motifs qu'ils développent, le sens positif des paroles s'écarte moins du but, et permet moins de s'égarer.

La langue de la prose étant beaucoup plus perfectionnée chez les Français, ce que nous avons eu, ce que nous pourrions avoir d'hommes vraiment éloquens, remueroit plus fortement les passions humaines; ils sauroient réunir dans un même discours plus de talens divers. Les Anglais ont considéré l'art de la parole, comme tous les talens en général, sous le point de vue de l'utilité; et c'est ce qui doit arriver à tous les peuples, après un certain temps de repos fondé sur la liberté.

Le repos du despotisme produiroit un effet absolument contraire; il laisseroit subsister les besoins actifs de l'amour-propre individuel, et ne rendroit indifférent qu'à l'intérêt national. L'importance politique de chaque citoyen est telle dans un pays libre, qu'il attache plus de prix à ce qui lui revient du bonheur public, qu'à tous les avantages particuliers qui ne serviroient pas à la force commune.

FIN DU TOME PREMIER.

www.ingramcontent.com/pod-product-compliance
Lightning Source LLC
Chambersburg PA
CBHW050418170426
43201CB00008B/458